Mecanismos da mediunidade

Francisco Cândido Xavier
Waldo Vieira

Mecanismos da mediunidade

Pelo Espírito
André Luiz

Copyright © 1959 *by*
FEDERAÇÃO ESPÍRITA BRASILEIRA – FEB

28ª edição – 17ª impressão – 3 mil exemplares – 6/2025

ISBN 978-85-7328-793-6

Todos os direitos reservados. Nenhuma parte desta publicação pode ser reproduzida, armazenada ou transmitida, total ou parcialmente, por quaisquer métodos ou processos, sem autorização do detentor do *copyright*.

FEDERAÇÃO ESPÍRITA BRASILEIRA – FEB
SGAN 603 – Conjunto F – Avenida L2 Norte
70830-106 – Brasília (DF) – Brasil
www.febeditora.com.br
editorial@febnet.org.br
+55 61 2101 6161

Pedidos de livros à FEB
Comercial
Tel.: (61) 2101 6161 – comercial@febnet.org.br

Adquirindo esta obra, você está colaborando com as ações de assistência e promoção social da FEB e com o Movimento Espírita na divulgação do Evangelho de Jesus à luz do Espiritismo.

Dados Internacionais de Catalogação na Publicação (CIP)
(Federação Espírita Brasileira – Biblioteca de Obras Raras)

L953m Luiz, André (Espírito)

  Mecanismos da mediunidade / pelo Espírito André Luiz; [psicografado por] Francisco Cândido Xavier e Waldo Vieira. – 28. ed. – 17. imp. – Brasília: FEB, 2025.

  176 p.; 21 cm – (Coleção A vida no mundo espiritual; 11)

  Inclui índice geral

  ISBN 978-85-7328-793-6

  1. Espiritismo. 2. Obras psicografadas. I. Xavier, Francisco Cândido, 1910–2002. II. Vieira, Waldo, 1932–2015. III. Federação Espírita Brasileira. IV. Título. V. Coleção.

CDD 133.93
CDU 133.7
CDE 00.06.02

Sumário

Registros de Allan Kardec 7
Mediunidade 9
Ante a mediunidade 13
1   Ondas e percepções 17
2   Conquistas da microfísica 23
3   Fótons e fluido cósmico 30
4   Matéria mental 36
5   Corrente elétrica e corrente mental 41
6   Circuito elétrico e circuito mediúnico 46
7   Analogias de circuitos 50
8   Mediunidade e eletromagnetismo 54
9   Cérebro e energia 60
10 Fluxo mental 65
11 Onda mental 69
12 Reflexo condicionado 74
13 Fenômeno hipnótico indiscriminado 78
14 Reflexo condicionado específico 83
15 Cargas elétricas e cargas mentais 89

16	Fenômeno magnético da vida humana	95
17	Efeitos físicos	101
18	Efeitos intelectuais	107
19	Ideoplastia	113
20	Psicometria	118
21	Desdobramento	123
22	Mediunidade curativa	129
23	Animismo	134
24	Obsessão	139
25	Oração	144
26	Jesus e mediunidade	149
	Índice geral	156

Registros de Allan Kardec[1]

"No estado de desprendimento em que fica colocado, o Espírito do sonâmbulo entra em comunicação mais fácil com os outros Espíritos encarnados, ou não encarnados, comunicação que se estabelece pelo contato dos fluidos, que compõem os perispíritos e servem de transmissão ao pensamento, como o fio elétrico."

O LIVRO DOS ESPÍRITOS –
Questão 455, FEB.

"Salvo algumas exceções, o médium exprime o pensamento dos Espíritos pelos meios mecânicos que lhes estão à disposição e a expressão desse pensamento pode e deve mesmo, as mais das vezes, ressentir-se da imperfeição de tais meios."

O LIVRO DOS MÉDIUNS –
Segunda parte, cap. 19, it. 224, FEB.

---
[1] N.E.: Designados pelo autor espiritual.

"A mediunidade não é uma arte, nem um talento, pelo que não pode tornar-se uma profissão. Ela não existe sem o concurso dos Espíritos; faltando estes, já não há mediunidade."

O EVANGELHO SEGUNDO O ESPIRITISMO –
cap. 26, it. 9, FEB.

"Por toda a parte, a vida e o movimento: nenhum canto do Infinito despovoado, nenhuma região que não seja incessantemente percorrida por legiões inumeráveis de Espíritos radiantes, invisíveis aos sentidos grosseiros dos encarnados, mas cuja vista deslumbra de alegria e admiração as almas libertas da matéria."

O CÉU E O INFERNO –
Primeira parte, cap. 3, it. 15, FEB.

"São extremamente variados os efeitos da ação fluídica sobre os doentes, de acordo com as circunstâncias. Algumas vezes é lenta e reclama tratamento prolongado, como no magnetismo ordinário; doutras vezes é rápida, como uma corrente elétrica."

A GÊNESE –
cap. 14, it. 32, FEB.

Mediunidade

Acena-nos a antiguidade terrestre com brilhantes manifestações mediúnicas, a repontarem da História.

Discípulos de Sócrates referem-se, com admiração e respeito, ao amigo invisível que o acompanhava constantemente.

Reporta-se Plutarco ao encontro de Bruto, certa noite, com um dos seus perseguidores desencarnados, a visitá-lo, em pleno campo.

Em Roma, no templo de Minerva, Pausânias, ali condenado a morrer de fome, passou a viver, em Espírito, monoideizado na revolta em que se alucinava, aparecendo e desaparecendo aos olhos de circunstantes assombrados, durante largo tempo.

Sabe-se que Nero, nos últimos dias de seu reinado, viu-se fora do corpo carnal, junto de Agripina e de Otávia, sua genitora e sua esposa, ambas assassinadas por sua ordem, a lhe pressagiarem a queda no abismo.

Os Espíritos vingativos em torno de Calígula eram tantos que, depois de lhe enterrarem os restos nos jardins de Lâmia, eram ali vistos, frequentemente, até que se lhe exumaram os despojos para a incineração.

Todavia, onde a mediunidade atinge culminâncias é justamente no Cristianismo nascituro.

Toda a passagem do Mestre inesquecível entre os homens é um cântico de luz e amor, externando-lhe a condição de Medianeiro da Sabedoria Divina.

E, continuando-lhe o ministério, os apóstolos que se lhe mantiveram leais converteram-se em médiuns notáveis, no dia de Pentecostes,[2] quando, associadas as suas forças, por se acharem "todos reunidos", os emissários espirituais do Senhor, por meio deles, produziram fenômenos físicos em grande cópia, como sinais luminosos e vozes diretas, inclusive fatos de psicofonia e xenoglossia, em que os ensinamentos do Evangelho foram ditados em várias línguas, simultaneamente, para os israelitas de procedências diversas.

Desde então, os eventos mediúnicos para eles se tornaram habituais.

Espíritos materializados libertavam-nos da prisão injusta.[3]

O magnetismo curativo era vastamente praticado pelo olhar[4] e pela imposição das mãos.[5]

Espíritos sofredores eram retirados de pobres obsessos, aos quais vampirizavam.[6]

Um homem objetivo e teimoso, quanto Saulo de Tarso, desenvolve a clarividência, de um momento para outro, vê o próprio Cristo, às portas de Damasco, e lhe recolhe as instruções[7]. E porque Saulo, embora corajoso, experimente enorme abalo moral, Jesus, condoído, procura Ananias, médium clarividente

---

[2] ATOS, 2:1 A13.
[3] ATOS, 5:18 A 20.
[4] ATOS, 3:4 A6.
[5] ATOS, 9:17.
[6] ATOS, 8:7.
[7] ATOS, 9:3 A7.

na aludida cidade, e pede-lhe socorro para o companheiro que encetava a tarefa.[8]

Não somente na casa dos apóstolos em Jerusalém, mensageiros espirituais prestam contínua assistência aos semeadores do Evangelho; igualmente no lar dos cristãos, em Antioquia, a mediunidade opera serviços valiosos e incessantes. Dentre os médiuns aí reunidos, um deles, de nome Ágabo,[9] incorpora um Espírito benfeitor que realiza importante premonição. E nessa mesma igreja, vários instrumentos medianímicos aglutinados favorecem a produção da voz direta, consignando expressiva incumbência a Paulo e Barnabé.[10]

Em Trôade, o apóstolo da gentilidade recebe a visita de um varão, em Espírito, a pedir-lhe concurso fraterno.[11]

E, tanto quanto acontece hoje, os médiuns de ontem, apesar de guardarem consigo a Bênção Divina, experimentavam injustiça e perseguição. Quase por toda a parte, padeciam inquéritos e sarcasmos, vilipêndios e tentações.

Logo no início das atividades mediúnicas que lhes dizem respeito, veem-se Pedro e João segregados no cárcere. Estêvão é lapidado. Tiago, o filho de Zebedeu, é morto a golpes de espada. Paulo de Tarso é preso e açoitado várias vezes.

A mediunidade, que prossegue fulgindo entre os mártires cristãos, sacrificados nas festas circenses, não se eclipsa, ainda mesmo quando o ensinamento de Jesus passa a sofrer estagnação por impositivos de ordem política. Apenas há alguns séculos, vimos Francisco de Assis exalçando-a em luminosos acontecimentos; Lutero transitando entre visões; Teresa d'Ávila em admiráveis desdobramentos; José de Copertino levitando ante

---

[8] ATOS, 9:10 E 11.
[9] ATOS, 11:28.
[10] ATOS, 13:1 A 4.
[11] ATOS, 16:9 A 10.

a espantada observação do papa Urbano VIII, e Swedenborg recolhendo, afastado do corpo físico, anotações de vários planos espirituais que ele próprio filtra para o conhecimento humano, segundo as concepções de sua época.

Compreendemos, assim, a validade permanente do esforço de André Luiz, que, servindo-se de estudos e conclusões de conceituados cientistas terrenos, tenta, também aqui,[12] colaborar na elucidação dos problemas da mediunidade, cada vez mais inquietantes na vida conturbada do mundo moderno.

Sem recomendar, de modo algum, a prática do hipnotismo em nossos templos espíritas, a ele recorre, de escantilhão,[13] para fazer mais amplamente compreendidos os múltiplos fenômenos da conjugação de ondas mentais, além de com isso demonstrar que a força magnética é simples agente, sem ser a causa das ocorrências medianímicas, nascidas, invariavelmente, de espírito para espírito.

Em nosso campo de ação, temos livros que consolam e restauram, medicam e alimentam, tanto quanto aqueles que propõem e concluem, argumentam e esclarecem.

Nesse critério, surpreendemos aqui um livro que estuda.

Meditemos, pois, sobre suas páginas.

EMMANUEL
Uberaba (MG), 6 de agosto de 1959.

---

[12] N.E.: Sobre o tema desta obra, André Luiz é o autor de outro livro, intitulado *Nos domínios da mediunidade*.

[13] N.E.: De modo inesperado, repentinamente.

Ante a mediunidade

Depois de um século de mediunidade, à luz da Doutrina Espírita, com inequívocas provas da sobrevivência, nas quais a abnegação dos mensageiros divinos e a tolerância de muitos sensitivos foram colocadas à prova, temo-la, ainda hoje, incompreendida e ridicularizada.

Os intelectuais, vinculados ao ateísmo prático, desprezam-na até agora, enquanto os cientistas que a experimentam se recolhem, quase todos, aos palanques da metapsíquica, observando-a com reserva. Junto deles, porém, os espíritas sustentam-lhe a bandeira de trabalho e revelação, conscientes de sua presença e significado perante a vida. Tachados, muitas vezes, de fanáticos, prosseguem eles, à feição de pioneiros, desbravando, sofrendo, ajudando e construindo, atentos aos princípios enfeixados por Allan Kardec em sua Codificação basilar.

Alguém disse que "os espíritas pretenderam misturar, no Espiritismo, ciência e religião, o que resultou em grande prejuízo para a sua parte científica". E acentuou que "um historiador, ao analisar as ordenações de Carlos Magno, não pensa em Além-Túmulo; que um fisiologista, assinalando as contrações musculares de uma rã, não fala em esferas ultraterrestres; e que um químico, ao dosar o azoto da lecitina, não se deixa impressionar por nenhuma fraseologia da sobrevivência humana", acrescentando que, "em metapsíquica, é necessário proceder de igual modo, abstendo-se o pesquisador de sonhar com mundos etéreos ou emanações anímicas, de maneira a permanecer no terra a terra, acima de qualquer teoria, para somente indagar, muito humildemente, se tal ou tal fenômeno é verdadeiro, sem o propósito de desvendar os mistérios de nossas vidas pregressas ou vindouras".

Os espíritas, contudo, apesar do respeito que consagram à pesquisa dos sábios, não podem abdicar do senso religioso que lhes define o trabalho. Julgam lícito reverenciá-los, aproveitando-lhes estudos e equações, qual nos conduzimos nestas páginas,[14] tanto quanto eles mesmos, os sábios, lhes homenageiam o esforço, utilizando-lhes o campo de atividade para experimentos e anotações.

Consideram os espíritas que o historiador, o fisiologista e o químico podem não pensar em Além-Túmulo, mas não conseguem avançar desprovidos de senso moral, porquanto o historiador, sem dignidade, é veículo de impudência; o fisiologista, sem respeito para consigo próprio, quase sempre se transforma em carrasco da vida humana, e o químico, desalmado, facilmente se converte em agente da morte.

Se caminham atentos à mensagem das esferas espirituais, isso não quer dizer se enquistem na visão de "mundos etéreos", para enternecimento beatífico e esterilizante, mas para se fazerem elementos úteis na edificação do mundo melhor. Se analisam as emanações anímicas é porque desejam cooperar no aperfeiçoamento da vida espiritual no planeta, assim como na solução dos

---

[14] Nota dos médiuns: A convite do Espírito André Luiz, os médiuns Francisco Cândido Xavier e Waldo Vieira receberam os textos deste livro em noites de quintas e terças-feiras, na cidade de Uberaba, Estado de Minas Gerais. O prefácio de Emmanuel e os capítulos pares foram recebidos pelo médium Francisco Cândido Xavier, e o prefácio de André Luiz e os capítulos ímpares foram recebidos pelo médium Waldo Vieira.

problemas do destino e da dor, junto da Humanidade, de modo a se esvaziarem penitenciárias e hospícios, e, se algo procuram, acima do "terra a terra", esse algo é a educação de si mesmos, por meio do bem puro aos semelhantes, com o que aspiram, sem pretensão, a orientar o fenômeno a serviço dos homens, para que o fenômeno não se reduza a simples curiosidade da inteligência.

Quanto mais investiga a Natureza, mais se convence o homem de que vive num reino de ondas transfiguradas em luz, eletricidade, calor ou matéria, segundo o padrão vibratório em que se exprimam.

Existem, no entanto, outras manifestações da luz, da eletricidade, do calor e da matéria, desconhecidas nas faixas da evolução humana, das quais, por enquanto, somente poderemos recolher informações pelas vias do espírito.

Prevenindo qualquer observação da crítica construtiva, lealmente declaramos haver recorrido a diversos trabalhos de divulgação científica do mundo contemporâneo para tornar a substância espírita deste livro mais seguramente compreendida pela generalidade dos leitores, como quem se utiliza da estrada de todos para atingir a meta em vista, sem maiores dificuldades para os companheiros de excursão. Aliás, quanto aos apontamentos científicos humanos, é preciso reconhecer-lhes o caráter passageiro, no que se refere à definição e nomenclatura, atentos à circunstância de que a experimentação constante induz os cientistas de um século a considerar, muitas vezes, como superado o trabalho dos cientistas que os precederam.

Assim, as notas dessa natureza, neste volume, tomadas naturalmente ao acervo de informações e deduções dos estudiosos da atualidade terrestre, valem aqui por vestimenta necessária, mas transitória, da explicação espírita da mediunidade, que é, no presente livro, o corpo de ideias a ser apresentado.

Não podemos esquecer a obrigação de cultuar a mediunidade e acrisolá-la, aparelhando-nos com os recursos precisos ao conhecimento de nós mesmos.

A parapsicologia nas universidades e o estudo dos mecanismos do cérebro e do sonho, do magnetismo e do pensamento nas instituições ligadas à Psiquiatria e às ciências mentais, embora dirigidos noutros rumos, chegarão igualmente à verdade, mas, antes que se integrem conscientemente no plano da redenção humana, burilemos, por nossa vez, a mediunidade, à luz da Doutrina Espírita, que revive a Doutrina de Jesus, no reconhecimento de que não basta a observação dos fatos em si, mas também que se fazem indispensáveis a disciplina e a iluminação dos ingredientes morais que os constituem, a fim de que se tornem fatores de aprimoramento e felicidade, em benefício da criatura em trânsito para a realidade maior.

ANDRÉ LUIZ
Uberaba (MG), 11 de agosto de 1959.

1
Ondas e percepções

1.1 *Agitação e ondas* – Em seguida a esforços persistentes de muitos Espíritos sábios, encarnados no mundo e patrocinando a evolução, a inteligência do século XX compreende que a Terra é um magneto de gigantescas proporções, constituído de forças atômicas condicionadas e cercado por essas mesmas forças em combinações multiformes, compondo o chamado campo eletromagnético em que o planeta, no ritmo de seus próprios movimentos, se tipifica na imensidade cósmica.

Nesse reino de energias, em que a matéria concentrada estrutura o globo de nossa moradia e em que a matéria em expansão lhe forma o clima peculiar, a vida desenvolve agitação.

E toda agitação produz ondas.

Uma frase que emitimos ou um instrumento que vibra criam ondas sonoras.

Liguemos o aquecedor e espalharemos ondas caloríficas.

Acendamos a lâmpada e exteriorizaremos ondas luminosas.

Façamos funcionar o receptor radiofônico e encontraremos ondas elétricas.

Em suma, toda inquietação se propaga em forma de ondas, por meio dos diferentes corpos da Natureza. **1.2**

Tipos e definições – As ondas são avaliadas segundo o comprimento em que se expressam, dependendo esse comprimento do emissor em que se verifica a agitação.

Fina vara tangendo as águas de um lago provocará ondas pequenas, ao passo que a tora de madeira, arrojada ao lençol líquido, traçará ondas maiores.

Um contrabaixo lançá-las-á muito longas.

Um flautim desferi-las-á muito curtas.

As ondas ou oscilações eletromagnéticas são sempre da mesma substância, diferenciando-se, porém, na pauta do seu comprimento ou distância que se segue do penacho ou crista de uma onda à crista da onda seguinte, em vibrações mais ou menos rápidas, conforme as leis de ritmo em que se lhes identifica a frequência diversa.

Que é, no entanto, uma onda?

À falta de terminologia mais clara, diremos que uma onda é determinada forma de ressurreição da energia, por intermédio do elemento particular que a veicula ou estabelece.

Partindo de semelhante princípio, entenderemos que a fonte primordial de qualquer irradiação é o átomo ou partes dele em agitação, despedindo raios ou ondas que se articulam, de acordo com as oscilações que emite.

Homem e ondas – Simplificando conceitos acerca da escala das ondas, recordemos que, oscilando de maneira integral, sacudidos simplesmente nos elétrons de suas órbitas ou excitados apenas em seus núcleos, os átomos lançam de si ondas que produzem calor e som, luz e raios gama, por intermédio de inumeráveis combinações.

Assim é que entre as ondas da corrente alternada para objetivos industriais, as ondas do rádio, as da luz e dos raios X, tanto quanto as que definem os raios cósmicos e as que se superpõem além deles, não existe qualquer diferença de natureza, mas sim de frequência, considerado o modo em que se exprimem.

1.3 E o homem, colocado nas faixas desse imenso domínio, em que a matéria quanto mais estudada mais se revela qual feixe de forças em temporária associação, somente assinala as ondas que se lhe afinam com o modo de ser.

Temo-lo, dessa maneira, por viajante do cosmo, respirando num vastíssimo império de ondas que se comportam como massa ou vice-versa, condicionado, nas suas percepções, à escala do progresso que já alcançou, progresso esse que se mostra sempre acrescentado pelo patrimônio de experiência em que se gradua, no campo mental que lhe é característico, em cujas dimensões revela o que a vida já lhe deu, ou *tempo de evolução*, e aquilo que ele próprio já deu à vida, ou *tempo de esforço pessoal na construção do destino*. Para a valorização e enriquecimento do caminho que lhe compete percorrer, recebe dessa mesma vida, que o acalenta e a que deve servir, o tesouro do cérebro, por intermédio do qual exterioriza as ondas que lhe marcam a individualidade, no concerto das forças universais, e absorve aquelas com as quais pode entrar em sintonia, ampliando os recursos do seu cabedal de conhecimento, e das quais se deve aproveitar, no aprimoramento intensivo de si mesmo, no trabalho da própria sublimação.

Continente do "infrassom" – Ajustam-se ouvidos e olhos humanos a balizas naturais de percepção, circunscritos aos implementos da própria estrutura.

Abaixo de 35 a 40 vibrações por segundo, a criatura encarnada, ou que ainda se mostre fora do corpo físico em condições análogas, movimenta-se no império dos "infrassons",[15] porquanto os sons continuam existindo, sem que disponha de recursos para assinalá-los.

---

[15] Nota do autor espiritual: Outros autores admitem que estes infrassons começam abaixo de 16 vibrações por segundo.

A ponte pressionada por grande veículo ou a locomotiva **1.4** que avança sobre trilhos agita a porta de residência não distante, porta essa cuja inquietação se comunica a outras portas mais afastadas, em regime de transmissão "infrassom".

Nesse domínio das correntes imperceptíveis, identificaremos as ondas eletromagnéticas de Hertz[16] a se exteriorizarem da antena alimentada pela energia elétrica e que, apresentando frequência aumentada, com o emprego dos chamados "circuitos oscilantes", constituídos com o auxílio de condensadores, produzem as ondas da telegrafia sem fio e do rádio comum, começando pelas ondas longas, até aproximadamente mil metros, na medida equivalente à frequência de 300.000 vibrações por segundo ou 300 quilociclos, e avançando pelas ondas curtas, além das quais se localizam as ondas métricas ou decimétricas, disciplinadas em serviço do radar e da televisão.

Em semelhantes faixas da vida, que a ciência terrestre assinala como o continente do "infrassom", circulam forças complexas; contudo, para o Espírito encarnado ou ainda condicionado às sensações do plano físico, não existe nessas províncias da Natureza senão silêncio.

Sons perceptíveis – Aumente-se a frequência das ondas, nascidas do movimento incessante do Universo, e o homem alcançará a escala dos sons perceptíveis, mais exatamente qualificáveis nas cordas graves do piano.

Nesse ponto, penetraremos a esfera das percepções sensoriais da criatura terrestre, porquanto, nesse grau vibratório, as ondas se transubstanciam em fontes sonoras que afetam o tímpano, gerando os "tons de Tartini" ou "tons de combinação", com efeitos psíquicos, segundo as disposições mentais de cada indivíduo.

Eleva-se o diapasão.

---

[16] N.E.: Heirinch Hertz (1857-1894), físico alemão.

1.5   Sons médios, mais altos, agudos, superagudos.

Na fronteira aproximada de pouco além de 15.000 vibrações por segundo, não raro, o ouvido vulgar atinge a zona-limite.[17] Há pessoas, contudo, que, depois desses marcos, ouvem ainda.

Animais diversos, quais os cães, portadores de profunda acuidade auditiva, escutam ruídos no "ultrassom", para além das 40.000 vibrações por segundo.

Prossegue a escala ascendente em recursos e proporções inimagináveis aos sentidos vinculados ao mundo físico.

Outros reinos ondulatórios – Salientando-se no oceano da vida infinita, outros reinos ondulatórios se espraiam, ofertando novos campos de evolução ao Espírito, que a mente ajustada às peculiaridades do planeta não consegue perceber.

Sigamos através das oscilações mais curtas e seremos defrontados pelas ondas do infravermelho.

Começam a luz e as cores visíveis ao olhar humano.

As micro-ondas, em manifestação ascendente, determinam nas fibras intrarretinianas, segundo os potenciais elétricos que lhes são próprios, as imagens das sete cores fundamentais, facilmente descortináveis na luz branca que as sintetiza, por intermédio do prisma comum, criando igualmente efeitos psíquicos, em cada criatura, conforme os estados mentais que a identifiquem.

Alteia-se a ordem das ondas e surgem, depois do vermelho, o alaranjado, o amarelo, o verde, o azul, o anilado e o violeta.

No comprimento de onda em que se localiza o violeta, em 4/10.000 de milímetro, os olhos humanos cessam de enxergar; todavia, a série das oscilações continua em progressão constante e a chapa fotográfica, situada na vizinhança do espectro, revela a ação fotoquímica do ultravioleta e, ultrapassando-o, aparecem

---

[17] Nota do autor espiritual: A escala de percepção é extremamente variável.

as ondas imensamente curtas dos raios X, dos raios gama, dirigindo-se para os raios cósmicos, a cruzarem por todos os departamentos do globo.

Semelhantes notas oferecem ligeira ideia da transcendência das ondas nos Reinos do Espírito, com base nas forças do pensamento. **1.6**

2
Conquistas da microfísica

2.1 *Primórdios da eletrônica* – Espíritos eminentes, atendendo aos imperativos da investigação científica entre os homens, volvem da Espiritualidade ao plano terrestre, incentivando estudos acerca da natureza ondulatória do Universo.

A Eletrônica balbucia as primeiras notas com Tales de Mileto,[18] seiscentos anos antes do Cristo.

O grande filósofo, que tinha a crença na unidade essencial da Natureza, observa a eletrização no âmbar (*elektron*, em grego).

Seus apontamentos sobre as emanações luminosas são retomados, no curso do tempo, por Héron de Alexandria[19] e outras grandes inteligências, culminando nos raciocínios de Descartes,[20] no século XVII, que, inspirado na teoria atômica dos gregos, conclui, trezentos anos antes da descoberta do elétron, que na base do átomo deveria existir uma partícula primitiva, chegando a desenhá-la, com

---
[18] N.E.: (aprox. 625-547 a.C.) Matemático e filósofo grego.
[19] N.E.: (10-70 d.C.) Matemático e mecânico grego.
[20] N.E.: René Descartes (1569-1650), filósofo e matemático francês.

surpreendente rigor de concepção, como um "remoinho" ou imagem aproximada dos recursos energéticos que o constituem.

Logo após, Isaac Newton[21] realiza a decomposição da luz branca, nas sete cores do prisma, apresentando, ainda, a ideia de que os fenômenos luminosos seriam correntes corpusculares, sem excluir a hipótese de ondas vibratórias, a se expandirem no ar. Huygens[22] prossegue na experimentação e defende a teoria do éter luminoso ou teoria ondulatória.

2.2

Franklin[23] teoriza sobre o fluido elétrico e propõe a hipótese atômica da eletricidade, tentando classificá-la como se fosse formada de grânulos sutis, perfeitamente identificáveis aos remoinhos eletrônicos hoje imaginados.

Campo eletromagnético – Nos primórdios do século XIX, aparece Thomas Young,[24] examinando as ocorrências da reflexão, interferência e difração da luz, fundamentando-se sobre a ação ondulatória, seguindo-se-lhe Fresnel,[25] a consolidar-lhe as deduções.

Sucedem-se investigadores e pioneiros, até que, em 1869, Maxwell[26] afirma, sem que as suas asserções lograssem despertar maior interesse nos sábios de seu tempo, que as ondulações de luz nasciam de um campo magnético associado a um campo elétrico, anunciando a correlação entre a eletricidade e a luz e assegurando que as linhas de força extravasam dos circuitos, assaltando o espaço ambiente e expandindo-se como pulsações ondulatórias. Cria ele a notável teoria eletromagnética.

Desde essa época, o conceito de "campo eletromagnético" assume singular importância no mundo, até que Hertz

---

[21] N.E.: (1642-1727) Físico e matemático inglês.
[22] N.E.: (1629-1695) Físico, matemático e astrônomo holandês.
[23] N.E.: Benjamin Franklin (1706-1790), político, físico e publicista americano.
[24] N.E.: (1773-1829) Médico, polígrafo e sábio inglês.
[25] N.E.: Augustin Fresnel (1788-1827), físico francês.
[26] N.E.: James Clerk Maxwell (1831-1879) físico escocês.

consegue positivar a existência das ondas elétricas, descobrindo-as e colocando-as a serviço da Humanidade.

2.3 Nas vésperas do século XX, a Ciência já considera a Natureza terrestre como percorrida por ondas inumeráveis que cruzam todas as faixas do planeta, sem jamais se misturarem. Entretanto, certa indagação se generalizara.

Reconhecido o mundo como vasto magneto, composto de átomos, e sabendo-se que as ondas provinham deles, como poderiam os sistemas atômicos gerá-las, criando, por exemplo, o calor e a luz?

Estrutura do átomo – Max Planck, distinto físico alemão, repara, em 1900, que o átomo, lançando energia, não procede em fluxo contínuo, mas sim por arremessos individuais ou, mais propriamente, por meio de grânulos de energia, estabelecendo a teoria dos "quanta de energia".

Foi então que Niels Bohr[27] deduziu que a descoberta de Planck somente se explicaria pelo fato de gravitarem os elétrons, ao redor do núcleo, no sistema atômico, em órbitas seguramente definidas, a exteriorizarem energia, não girando como os planetas em torno do Sol, mas saltando, de inesperado, de uma camada para outra.

E, procedendo mais por intuição que por observação, mentalizou o átomo como um núcleo cercado, no máximo, de sete camadas concêntricas, plenamente isoladas entre si, no seio das quais os elétrons circulam livremente, em todos os sentidos. Os que se localizam nas zonas periféricas são aqueles que mais facilmente se deslocam, patrocinando a projeção de raios luminosos, ao passo que os elétrons aglutinados nas camadas profundas, mais jungidos ao núcleo, quando mudam de órbita deixam escapar raios mais curtos, a se graduarem na série dos raios X.

---

[27] N.E.: (1885-1962) Físico dinamarquês.

2.4 Aplicada a teoria de Bohr em multifários setores da demonstração objetiva, ela alcançou encorajadoras confirmações, e, com isso, dentro das possíveis definições terrestres, o cientista dinamarquês preparou o caminho a mais amplo entendimento da luz.

Estado radiante e raios X – A Ciência da Terra acreditava antigamente que os átomos fossem corpúsculos eternos e indivisíveis. Elementos conjugados entre si, entrelaçavam-se e se separavam, plasmando formas diversas.

Seriam como vasto, mas limitado capital da vida de que a Natureza poderia dispor sem qualquer desperdício.

No último quartel do século XIX, porém, singulares alterações marcaram os passos da Física.

Retomando experiências iniciadas pelo cientista alemão Hittorf, William Crookes[28] valeu-se de um tubo de vidro fechado, no qual obtinha grande rarefação do ar, fazendo passar, através dele, uma corrente elétrica, oriunda de alto potencial.

Semelhante tubo poderia conter dois ou mais eletrodos (cátodos e ânodos, ou polos negativos e positivos, respectivamente), formados por fios de platina, e rematados em placas metálicas de substância e molde variáveis.

Efetuada a corrente, o grande físico notou que do cátodo partiam raios que, atingindo a parede oposta do vidro, nela formavam certa luminosidade fluorescente.

Crookes classificou como radiante o estado em que se mostrava o gás contido no recipiente e declarou guardar a impressão de que conseguira reter os corpúsculos que entretecem a base física do Universo.

Mas, depois dele, aparece Roentgen,[29] que lhe retoma as investigações, e, projetando os raios catódicos sobre tela metálica, colocou a própria mão entre o tubo e pequena chapa re-

---

[28] N.E.: (1832-1919) Físico inglês.

[29] N.E.: Wilhelm Roentgen (1845-1923), físico alemão.

camada de substância fluorescente, observando que os ossos se destacavam, em cor escura, na carne que se fizera transparente.

2.5 Os raios X ou raios Roentgen foram, desde então, trazidos à consideração do mundo.

Elétron e radioatividade – O jovem pesquisador francês Jean Perrin, utilizando a ampola de Crookes e o eletroscópio, conseguiu positivar a existência do elétron, como partícula elétrica, viajando com rapidez vertiginosa.

Pairava no ar a indagação sobre a massa e a expressão elétrica de semelhante partícula.

Surge, todavia, Joseph Thomson, distinto físico inglês, que, estudando-a do ponto de vista de um projétil em movimento, consegue determinar-lhe a massa, que é, aproximadamente, 1.850 vezes menor que a do átomo conhecido por mais leve, o hidrogênio, calculando-lhe, ainda, com relativa segurança, a carga e a velocidade.

Os apontamentos objetivos acerca do elétron incentivaram novos estudos do infinitamente pequeno.

Animado pelos êxitos dos raios de Roentgen, Henri Becquerel,[30] com o auxílio de amigos espirituais, porque até então o gênio científico na Terra desconhecia o extenso cabedal radioativo do urânio, escolhe esse elemento para a pesquisa de novas fontes dos raios X e surpreende as radiações diferentes que encaminham o casal Curie[31] à descoberta do rádio.

A Ciência percebeu, afinal, que a radioatividade era como que a fala dos átomos, asseverando que eles *nasciam e morriam* ou apareciam e desapareciam no reservatório da Natureza.

Química nuclear – O contador de Geiger, emergindo no cenário das experimentações da Microfísica, demonstrou que,

---

[30] N.E.: (1852-1908) Físico francês.

[31] N.E.: Marie Curie (1867-1934), polonesa, e Pierre Curie (1859-1906), francês, foram físicos que se dedicaram ao estudo dos fenômenos radioativos.

em cada segundo, de um grama de rádio se desprendem 36 bilhões de fragmentos radioativos da corrente mais fraca de raios emanantes desse elemento, perfazendo um total de 20.000 quilômetros de irradiação por segundo.

No entanto, há tão grande quantidade de átomos de rádio em cada grama desse metal que somente no espaço de 16 séculos é que o seu peso fica reduzido à metade.[32]

2.6

Apreendendo-se que a radioatividade exprimia a morte dos sistemas atômicos, não seria possível apressar-lhes a desintegração controlada, com vistas ao aproveitamento de seus potenciais energéticos?

Rutherford[33] lembrou que as partículas emanadas do rádio funcionam como projéteis vigorosos, e enchendo um tubo com azoto, nele situou uma parcela de rádio, reparando os pontos de queda dos corpúsculos eletrizados sobre pequena tela fosforescente. Descobriu, desse modo, que os núcleos do azoto, espancados em cheio pelas partículas radioativas alfa, explodiam, convertendo-se em hidrogênio e num isótopo do oxigênio.

Foi realizada, assim, calculadamente, a primeira transmutação atômica pelo homem, originando-se, desde então, a chamada química nuclear, que culmina hoje com a artilharia atômica do cíclotron, estruturado por Lawrence,[34] à feição de um eletroímã, onde, acelerados por uma corrente de milhares de volts, em tensão alternada altíssima, projéteis atômicos bombardeiam os elementos a eles expostos, que se transmutam em

---

[32] N.E., Em 1993: este parágrafo, conforme está escrito, parece dizer que o tempo de meia-vida depende da quantidade de material, ou número de átomos de rádio, o que não condiz com o conhecimento que a Ciência tem do assunto.
Lembra Emmanuel, no *Prefácio*, que André Luiz se serviu, nesta obra, de estudos e conclusões de cientistas da Terra, podendo, então, ter havido, quanto ao assunto em pauta, entendimento imperfeito ou do autor espiritual, ou do médium, ou da fonte científica da qual se originou o parágrafo.

[33] N.E.: (1871-1937) Físico britânico.

[34] N.E.: Ernest Lawrence (1901-1958), físico americano.

outros elementos químicos conhecidos, acrescidos dos chamados radioisótopos, que o casal Joliot-Curie obteve pela primeira vez arremessando sobre o alumínio a corrente menos penetrante do rádio, constituída de núcleos do hélio, ou hélions. Surgiram, assim, os fecundos serviços da radioatividade artificial.

2.7 Nossos apontamentos sintéticos objetivam apenas destacar a analogia do que se passa no mundo íntimo das forças corpusculares que entretecem a matéria física e daquelas que estruturam a matéria mental.

3
Fótons e fluido cósmico

3.1 *Estrutura da luz* – Maxwell, centralizado nos estudos do eletromagnetismo, previra que todas as irradiações, inclusive a luz visível, pressionam os demais corpos.

Observações experimentais com o jato de uma lâmpada sobre um feixe de poeira mostraram que o feixe se acurvou, como se impelido por leve corrente de força. Semelhante corrente foi medida, acusando insignificante percentagem de pressão, mas o bastante para provar que a luz era dotada de inércia.

Os físicos eram defrontados pelo problema, quando Einstein,[35] estruturando a sua teoria da relatividade, no princípio do século XX, chegou à conclusão de que a luz, nesse novo aspecto, possuiria peso específico.

Isso implicava a existência de massa para a luz.

Como conciliar vibração e peso, onda e massa?

Intrigado, o grande cientista voltou às experiências de Planck e Bohr e deduziu que a luz de uma lâmpada resulta de sucessivos

---
[35] N.E.: Albert Einstein (1879-1955), físico alemão.

arremessos de grânulos luminosos, em relâmpagos consecutivos, a se desprenderem dela por todos os lados.

3.2 Pesquisadores protestaram contra a assertiva, lembrando o enigma das difrações e das interferências, tentando demonstrar que a luz era constituída de vibrações.

Einstein, contudo, recorreu ao efeito fotoelétrico — pelo qual a incidência de um raio luminoso sobre uma película de sódio ou potássio determina a expulsão de elétrons da mesma película, elétrons cuja velocidade pode ser medida com exatidão —, e genialmente concebeu os grânulos luminosos ou fótons que, arrojando-se sobre os elétrons de sódio e potássio, lhes provoca o deslocamento, com tanto mais violência quanto mais concentrada for a energia dos fótons.

O aumento de intensidade da luz, por isso, não acrescenta velocidade aos elétrons expulsos, o que apenas acontece ante a incidência de uma luz caracterizada por oscilação mais curta.

"Saltos quânticos" – A teoria dos "saltos quânticos" explicou, de certo modo, as oscilações eletromagnéticas que produzem os raios luminosos.

No átomo excitado, aceleram-se os movimentos e os elétrons que lhe correspondem, distanciando-se dos núcleos, passam a degraus mais altos de energias. Efetuada a alteração, os elétrons se afastam dos núcleos aos saltos, de acordo com o quadrado dos números cardinais, isto é, de 1 para 2 no primeiro salto, de 2 para 4 no segundo, de 3 para 9 no terceiro, de 4 para 16 no quarto, e assim sucessivamente.

Na temperatura aproximada de 1.000 graus centígrados, os elétrons abandonam as órbitas que lhes são peculiares, em número sempre crescente, e, se essa temperatura atingir cerca de 100.000 graus centígrados, os átomos passam a ser constituídos somente de núcleos despojados de seus elétrons-satélites, vindo a explodir, por entrechoques, a altíssimas temperaturas.

3.3 Reportando-nos, pois, à escala de excitação dos sistemas atômicos, vamos encontrar a luz, conhecida na Terra, como oscilação eletromagnética em comprimento médio de onda que nasce do campo atômico, quando os elétrons, erguidos a órbitas ampliadas pelo abastecimento de energia, retornam às suas órbitas primitivas, veiculando a sua energia de queda.

Se excitarmos o átomo com escassa energia, apenas se altearão aqueles elétrons da periferia, capazes de superar facilmente a força atrativa do núcleo.

Compreenderemos, portanto, que, quanto mais distante do núcleo, mais comprido será o salto, determinando a emissão de onda mais longa e, por esse motivo, identificada por menor energia. E quanto mais para dentro do sistema atômico se verifique o salto, tanto mais curta, e por isso de maior poder penetrante, a onda exteriorizada.

Efeito Compton – Buscando um exemplo, verificaremos que a estimulação das órbitas eletrônicas externas produzirá a luz vermelha, formada de ondas longas, enquanto o mesmo processo de atrito nas órbitas que se lhe seguem, na direção do núcleo, originará a irradiação azul, formada de ondas mais curtas, e a excitação nas órbitas mais íntimas provocará a luz violeta, de ondas ainda mais curtas. Continuando-se a progressão de fora para dentro, chegaremos aos raios gama, que derivam das oscilações do núcleo atômico.

Em todos esses processos de irradiação, o poder do fóton depende do comprimento da onda em que se manifesta, qual ficou positivado no "efeito Compton", pelo qual uma colisão provocada entre fótons e elétrons revela que os fótons, fazendo ricochete no entrechoque, descarregam energia, baixando a frequência da própria onda e originando, assim, a luz mais avermelhada.

Fórmula de De Broglie – A evidência do fóton vinha enriquecer a teoria corpuscular da luz. Entretanto, certos fenômenos se mantinham à margem, somente explicáveis pela teoria ondulatória que a Ciência não aceitara até então.

3.4 Foi o estudioso físico francês, Louis de Broglie,[36] que compareceu no cenário das contradições, enunciando o seguinte princípio:

"Compreendendo-se que as ondas da luz, em certas circunstâncias, procedem à feição de corpúsculos, por que motivo os corpúsculos de matéria, em determinadas condições, não se comportarão à maneira de ondas?"

E acrescentava que cada partícula de matéria está acompanhada pela onda que a conduz.

Suportando hostilidades e desafios, devotou-se a minuciosas perquirições e criou a fórmula para definir o comprimento da onda conjugada ao corpúsculo, entendendo-se, desde então, que os elétrons arremessados pela válvula de Roentgen, quando originam oscilações curtas, aproximadamente 10.000 vezes mais reduzidas que as da luz, são transportados por ondas tão curtas como os raios X.

Mecânica ondulatória – Físicos distintos não se sentiam dispostos a concordar com as novas observações de De Broglie, alegando que a teoria se mostrava incompatível com o fenômeno da difração e pediam que o sábio lhes fizesse ver a difração dos elétrons, uma vez que não admitiam a existência de corpúsculos desfrutando propriedades que, a seu ver, eram exclusivamente características das ondas.

Pouco tempo decorrido, dois cientistas americanos projetaram um jato de elétrons sobre um cristal de níquel e registraram a existência da difração, de conformidade com os princípios de De Broglie.

Desde então, a mecânica ondulatória instalou-se na Ciência, em definitivo.

---

[36] N.E.: (1892-1987).

Mais da metade do Universo foi reconhecida como um **3.5** reino de oscilações, restando a parte constituída de matéria igualmente suscetível de converter-se em ondas de energia.

O mundo material como que desapareceu, dando lugar a tecido vasto de corpúsculos em movimento, ar-rastando turbilhões de ondas em frequências inumeráveis, cruzando-se em todas as direções, sem se misturarem.

O homem passou a compreender, enfim, que a matéria é simples vestimenta das forças que o servem nas múltiplas faixas da Natureza e que todos os domínios da substância palpável podem ser plenamente analisados e explicados em linguagem matemática, embora o plano das causas continue para ele indevassado, tanto quanto para nós, as criaturas terrestres temporariamente apartadas da vida física.

"Campo" de Einstein – Conhecemos a gama das ondas, sabemos que a luz se desloca em feixes corpusculares que denominamos "fótons", não ignoramos que o átomo é um remoinho de forças positivas e negativas, cujos potenciais variam com o número de elétrons ou partículas de força em torno do núcleo, informamo-nos de que a energia, ao condensar-se, surge como massa para transformar-se, depois, em energia; entretanto, o meio sutil em que os sistemas atômicos oscilam não pode ser equacionado com os nossos conhecimentos. Até agora, temos nomeado esse "terreno indefinível" como o "éter"; contudo, Einstein, quando buscou imaginar-lhe as propriedades indispensáveis para poder transmitir ondas características de bilhões de oscilações, com a velocidade de 300.000 quilômetros por segundo, não conseguiu acomodar as necessárias grandezas matemáticas numa fórmula, porquanto as qualidades de que essa *matéria* devia estar revestida não são combináveis, e concluiu que *ela não existe*, propondo abolir-se o conceito de "éter", substituindo-o pelo conceito de "campo".

3.6   *Campo*, desse modo, passou a designar o espaço dominado pela influência de uma partícula de massa.

Para guardarmos uma ideia do princípio estabelecido, imaginemos uma chama em atividade. A zona por ela iluminada é-lhe o campo peculiar. A intensidade de sua influência diminui com a distância do seu fulcro, de acordo com certas proporções, isto é, tornando-se 1/2, 1/4, 1/8, 1/16 etc., a revelar valor de fração cada vez menor, sem nunca atingir a zero, porque, em teoria, o campo ou região de influência alcançará o infinito.

A proposição de Einstein, no entanto, não resolve o problema, porque a indagação quanto à *matéria de base* para o *campo* continua desafiando o raciocínio, motivo pelo qual, escrevendo da esfera extrafísica, na tentativa de analisar, mais acuradamente, o fenômeno da transmissão mediúnica, definiremos o meio sutil em que o Universo se equilibra como o Fluido Cósmico ou Hálito Divino, a força para nós inabordável que sustenta a Criação.

4
Matéria mental

Pensamento do Criador – Identificando o Fluido Elementar ou Hálito Divino por base mantenedora de todas as associações da forma nos domínios inumeráveis do cosmo, do qual conhecemos o elétron como um dos corpúsculos-base, nas organizações e oscilações da matéria, interpretaremos o Universo como um todo de forças dinâmicas, expressando o pensamento do Criador. E superpondo-se-lhe à grandeza indevassável, encontraremos a matéria mental que nos é própria, em agitação constante, plasmando as criações temporárias, adstritas à nossa necessidade de progresso. 4.1

No macrocosmo e no microcosmo, tateamos as manifestações da Eterna Sabedoria que mobiliza agentes incontáveis para a estruturação de sistemas e formas, em variedade infinita de graus e fases, e entre o infinitamente pequeno e o infinitamente grande surge a inteligência humana, dotada igualmente da faculdade de mentalizar e cocriar, empalmando, para isso, os recursos intrínsecos à vida ambiente.

4.2   Nos fundamentos da Criação vibra o pensamento imensurável do Criador, e sobre esse Plasma Divino vibra o pensamento mensurável da criatura, a constituir-se no vasto oceano de força mental em que os poderes do Espírito se manifestam.

Pensamento das criaturas – Do Princípio Elementar, fluindo incessantemente no campo cósmico, auscultamos, de modo imperfeito, as energias profundas que produzem eletricidade e magnetismo, sem conseguir enquadrá-las em exatas definições terrestres, e, da matéria mental dos seres criados, estudamos o pensamento ou fluxo energético do campo espiritual de cada um deles, a se graduarem nos mais diversos tipos de onda, desde os raios superultracurtos, em que se exprimem as legiões angélicas, por processos ainda inacessíveis à nossa observação, passando pelas oscilações curtas, médias e longas em que se exterioriza a mente humana, até as ondas fragmentárias dos animais, cuja vida psíquica, ainda em germe, somente arroja de si determinados pensamentos ou raios descontínuos.

Os Espíritos aperfeiçoados, que conhecemos sob a designação de potências angélicas do Amor Divino, operam no micro e no macrocosmo, em nome da Sabedoria excelsa, formando condições adequadas e multiformes à expansão, sustentação e projeção da vida, nas variadas esferas da Natureza, no encalço de aquisições celestiais que, por enquanto, estamos longe de perceber. A mente dos homens, indiretamente controlada pelo comando superior, interfere no acervo de recursos do planeta, em particular, aprimorando-lhe os recursos na direção do plano angélico, e a mente embrionária dos animais, influenciada pela direção humana, hierarquiza-se em serviço nas regiões inferiores da Terra, no rumo das conquistas da Humanidade.

Corpúsculos mentais – Como alicerce vivo de todas as realizações nos planos físico e extrafísico, encontramos o pensamento por agente essencial. Entretanto, ele ainda é matéria — a matéria mental, em que as leis de formação das cargas magnéticas ou dos sistemas atômicos prevalecem sob novo sentido, compondo o maravilhoso mar de energia sutil em que todos nos achamos submersos e no qual surpreendemos elementos que transcendem o sistema periódico dos elementos químicos conhecidos no mundo.

4.3 Temos, ainda aqui, as formações corpusculares, com bases nos sistemas atômicos em diferentes condições vibratórias, considerando os átomos, tanto no plano físico quanto no plano mental, como associações de cargas positivas e negativas.

Isso nos compele naturalmente a denominar tais princípios de "núcleos, pósitrons, nêutrons, posítrons, elétrons ou fótons mentais", em vista da ausência de terminologia analógica para estruturação mais segura de nossos apontamentos.

Assim é que o halo vital ou aura de cada criatura permanece tecido de correntes atômicas sutis dos pensamentos que lhe são próprios ou habituais, dentro de normas que correspondem à lei dos "quanta de energia" e aos princípios da mecânica ondulatória, que lhes imprimem frequência e cor peculiares.

Essas forças, em constantes movimentos sincrônicos ou estado de agitação pelos impulsos da vontade, estabelecem para cada pessoa uma onda mental própria.

Matéria mental e matéria física – Em posição vulgar, acomodados às impressões comuns da criatura humana normal, os átomos mentais inteiros, regularmente excitados, na esfera dos pensamentos, produzirão ondas muito longas ou de simples sustentação da individualidade, correspondendo à manutenção de calor. Se forem os elétrons mentais, nas órbitas dos átomos da mesma natureza, a causa da agitação, em estados menos comuns da mente, quais sejam os de atenção ou *tensão pacífica*, em virtude de reflexão ou oração natural, o campo dos pensamentos exprimir-se-á em ondas de comprimento médio ou de aquisição de experiência, por parte da alma, correspondendo à produção de luz interior. E se a excitação nasce dos diminutos núcleos atômicos, em situações extraordinárias da mente, quais sejam as emoções profundas, as dores indizíveis, as laboriosas e aturadas concentrações de força mental ou as súplicas aflitivas, o domínio dos pensamentos emitirá raios muito curtos ou de imenso poder transformador do campo espiritual, teoricamente semelhantes aos que se aproximam dos raios gama.

4.4 Assim considerando, a matéria mental, embora em aspectos fundamentalmente diversos, obedece a princípios idênticos àqueles que regem as associações atômicas, na esfera física, demonstrando a divina unidade de plano do Universo.

Indução mental – Recorrendo ao "campo" de Einstein, imaginemos a mente humana no lugar da chama em atividade. Assim como a intensidade de influência da chama diminui com a distância do núcleo de energias em combustão, demonstrando fração cada vez menor, sem nunca atingir a zero, a corrente mental se espraia, segundo o mesmo princípio, não obstante a diferença de condições.

Essa corrente de partículas mentais exterioriza-se de cada Espírito com qualidade de indução mental, tanto maior quanto mais amplos se lhe evidenciem as faculdades de concentração e o teor de persistência no rumo dos objetivos que demande.

Tanto quanto, no domínio da energia elétrica, a indução significa o processo por meio do qual um corpo que detenha propriedades eletromagnéticas pode transmiti-las a outro corpo sem contato visível, no reino dos poderes mentais a indução exprime processo idêntico, porquanto a corrente mental é suscetível de reproduzir as suas próprias peculiaridades em outra corrente mental que se lhe sintonize. E tanto na eletricidade quanto no mentalismo, o fenômeno obedece à conjugação de ondas, enquanto perdure a sustentação do fluxo energético.

Compreendemos assim, perfeitamente, que a matéria mental é o instrumento sutil da vontade, atuando nas formações da matéria física, gerando as motivações de prazer ou desgosto, alegria ou dor, otimismo ou desespero, que não se reduzem efetivamente a abstrações, por representarem turbilhões de força em que a alma cria os seus próprios estados de mentação indutiva, atraindo para si mesma os agentes (por enquanto imponderáveis na Terra), de luz ou sombra, vitória ou derrota, infortúnio ou felicidade.

4.5 *Formas-pensamento* – Pelos princípios mentais que influenciam em todas as direções, encontramos a telementação e a reflexão comandando todos os fenômenos de associação, desde o acasalamento dos insetos até a comunhão dos Espíritos superiores, cujo sistema de aglutinação nos é, por agora, defeso ao conhecimento.

Emitindo uma ideia, passamos a refletir as que se lhe assemelham, ideia essa que para logo se corporifica, com intensidade correspondente à nossa insistência em sustentá-la, mantendo-nos, assim, espontaneamente em comunicação com todos os que nos esposem o modo de sentir.

É nessa projeção de forças, a determinarem o compulsório intercâmbio com todas as mentes encarnadas ou desencarnadas, que se nos movimenta o Espírito no mundo das formas-pensamento, construções substanciais na esfera da alma, que nos liberam o passo ou no-lo escravizam, na pauta do bem ou do mal de nossa escolha. Isso acontece porque, à maneira do homem que constrói estradas para a sua própria expansão ou que talha algemas para si mesmo, a mente de cada um, pelas correntes de matéria mental que exterioriza, eleva-se a gradativa libertação no rumo dos planos superiores ou estaciona nos planos inferiores, como quem traça vasto labirinto aos próprios pés.

5
Corrente elétrica e corrente mental

5.1   *Dínamo espiritual* – Ainda mesmo que a Ciência na Terra, por longo tempo, recalcitre contra as realidades do Espírito, é imperioso convir que, no comando das associações atômicas, sob a perquirição do homem, prevalecem as associações inteligentes de matéria mental.

O Espírito, encarnado ou desencarnado, na essência, pode ser comparado a um dínamo complexo, em que se verifica a transubstanciação do trabalho psicofísico em forças mento-eletromagnéticas, forças essas que guardam consigo, no laboratório das células em que circulam e se harmonizam, a propriedade de agentes emissores e receptores, conservadores e regeneradores de energia.

Para que nos façamos mais simplesmente compreendidos, imaginemo-lo como um dínamo gerador, indutor, transformador e coletor, ao mesmo tempo, com capacidade de assimilar correntes contínuas de força e exteriorizá-las simultaneamente.

Gerador elétrico – Recordemos que um motor se alimenta da corrente elétrica fornecida pelos recursos atômicos do plano material.

5.2

E para simples efeito de estudo da transmissão de força mediúnica, em que a matéria mental é substância básica, lembremo-nos de que a chamada força eletromotriz nasce do agente que a produz em circuito fechado.

Afirmamos que o gerador elétrico é uma fonte de força eletromotriz; entretanto, não nos achamos à frente de uma força automática, mas sim de uma característica do gerador, no qual a energia absorvida, sob forma particular, se converte em energia elétrica.

O aparelho gerador, no caso, não plasma correntes elétricas, e sim produz determinada diferença de potencial entre os seus terminais ou extremos, facultando aos elétrons a movimentação necessária.

Figuremos dois campos elétricos separados, cada um deles com cargas de natureza contrária, com uma diferença de potencial entre eles. Estabelecido um fio condutor entre ambos, a corrente elétrica se improvisa, do centro negativo para o centro positivo, até que seja alcançado o justo equilíbrio entre os dois centros, anulando-se, desde então, a diferença de potencial existente.

Se desejamos manter a diferença de potencial a que nos referimos, é indispensável interpor entre ambos um gerador elétrico, por intermédio do qual se nutra, constante, o fluxo eletrônico entre um e outro, uma vez que a corrente circulará no condutor, em vista do campo elétrico existente entre os dois corpos.

Gerador mediúnico – Idealizemos o fluxo de energias mento-eletromagnéticas, ou fulcro de ondas da entidade comunicante e do médium, como dois campos distintos, associando valores positivos e negativos, respectivamente, com uma diferença de potencial que, em nosso caso, constitui certa capacidade de junção específica.

5.3 Estabelecido um fio condutor de um para o outro que, em nosso problema, representa o *pensamento de aceitação ou adesão* do médium, a corrente mental desse ou daquele teor se improvisa em regime de ação e reação, atingindo-se o necessário equilíbrio entre ambos, anulando-se, desde então, a diferença existente, pela integração das forças conjuntas em clima de afinidade.

Se quisermos sustentar o continuísmo de semelhante conjugação, é imprescindível conservar entre os dois um gerador de força, que, na questão em análise, é o *pensamento constante de aceitação ou adesão* da personalidade mediúnica, por meio do qual se evidencie, incessante, o fluxo de energias conjugadas entre um e outro, porquanto a corrente de forças mentais, destinada à produção desse ou daquele fenômeno ou serviço, circulará no condutor mediúnico em razão do campo de energias mento-eletromagnéticas existente entre a entidade comunicante e a individualidade do médium.

Átomos e Espíritos – Para entendermos com mais segurança o problema da compensação vibratória na produção da corrente elétrica e (de outro modo) da corrente mental, lembremo-nos de que, conforme a lei de Coulomb, as cargas de sinal contrário ou de força centrípeta atraem-se, contrabalançando-se essa atração com a repulsão por elas experimentada ante as cargas de sinal igual ou de força centrífuga.

A harmonia eletromecânica do sistema atômico se verifica toda vez que se encontre neutro ou, mais propriamente, quando as unidades positivas ou unidades do núcleo são em número idêntico ao das negativas ou aquelas de que se constituem os elétrons, estabilidade essa que decorre dos princípios de gravitação nas linhas do microcosmo.

Afirma-se, desse modo, que existe uma unidade de diferença de potencial entre dois pontos de um campo elétrico, quando a ação efetuada para transportar uma unidade de carga (ou 1 coulomb), de um ponto a outro, for igual à unidade de trabalho.

Entendendo-se que os mesmos princípios predominam para 5.4
as correntes de matéria mental, embora as modalidades outras de
sustentação e manifestação, somos induzidos a asseverar, por analogia, que existe capacidade de afinização entre um Espírito e outro, quando a ação de plasmagem e projeção da matéria mental na entidade comunicante for, mais ou menos, igual à ação de receptividade e expressão na personalidade mediúnica.

Força eletromotriz e força mediúnica – Compreendemos que se dispomos, em toda parte, de fontes de força eletromotriz, mediante a sábia distribuição das cargas elétricas, encontrando-as, a cada passo, na extensão da indústria e do progresso, temos igualmente variados mananciais de força mediúnica, mediante a permuta harmoniosa, consciente ou inconsciente, dos princípios ou correntes mentais, sendo possível observá-los, em nosso caminho, alimentando grandes iniciativas de socorro às necessidades humanas e de expansão cultural.

Usinas diversas espalham-se na paisagem terrestre, alentando sistemas de luz e força, na criação do conforto e da atividade, em cidades e vilarejos, campos e estâncias, e associações mediúnicas de vária espécie se multiplicam nos quadros morais do mundo, nutrindo as instituições maiores e menores da Religião e da Ciência, da Filosofia e da Educação, da Arte e do Trabalho, do Consolo e da Caridade, impulsionando a evolução da espiritualidade no plano físico.

Fontes de fraco teor – Possuímos, ainda, aquelas fontes de força elétrica, dotadas de fraco teor, nos processos não industriais em que obtemos a eletrização por atrito, ou, por contato, a indução eletrostática e os efeitos diversos, tais como o efeito piezelétrico, vulgarmente empregado na construção de microfones e alto-falantes, peças destinadas à reprodução do som e ao controle de frequência na radiotecnia; o efeito termoelétrico, utilizado na formação dos pirômetros elétricos que facultam a aferição das temperaturas elevadas, e o efeito fotoelétrico, aproveitado em várias espécies de medidores.

5.5 Em analogia de circunstâncias, assinalamos, em todos os lugares, os mananciais de força mediúnica, a se expressarem por mais fraco teor nos processos não ostensivos de ação, do ponto de vista da evidência pública, pelos quais servidores abnegados do bem conseguem a restauração moral desse ou daquele companheiro rebelde, a cura de certo número de almas doentes, a repetição de avisos edificantes, a assistência especializada a múltiplos tipos de sofrimento, ou a condução enobrecedora do grupo familiar a que se devotam.

Em todas as atividades mediúnicas, porém, nas quais a mente demande a construção do bem, sejam elas de grande porte ou de singela apresentação, a importância do trabalho a realizar e a luz da vida superior são sempre as mesmas, possibilitando ao Espírito a faculdade de falar ao Espírito na obra incessante de aperfeiçoamento e sublimação.

6
Circuito elétrico e circuito mediúnico

6.1 *Conceito de circuito elétrico* – Indica o conceito de circuito elétrico a extensão do condutor em que se movimenta uma corrente elétrica, sempre que se sustente uma diferença de potencial em seus extremos.

O circuito encerra um condutor de ida e outro de volta da corrente, abrangendo o gerador e os aparelhos de utilização, a englobarem os serviços de geração, transmissão, transformação e distribuição da energia.

Para a execução de semelhantes atividades, as máquinas respectivas guardam consigo recursos especiais, em circuitos elementares, como sejam os de geração e manobra, proteção e medida.

Conceito de circuito mediúnico – Aplica-se o conceito de circuito mediúnico à extensão do campo de integração magnética em que circula uma corrente mental, sempre que se mantenha a sintonia psíquica entre os seus extremos ou, mais propriamente, o emissor e o receptor.

6.2   O circuito mediúnico, dessa maneira, expressa uma "vontade-apelo" e uma "vontade-resposta", respectivamente, no trajeto ida e volta, definindo o comando da entidade comunicante e a concordância do médium, fenômeno esse exatamente aplicável tanto à esfera dos Espíritos desencarnados quanto à dos Espíritos encarnados, porquanto exprime conjugação natural ou provocada nos domínios da inteligência, totalizando os serviços de associação, assimilação, transformação e transmissão da energia mental.

Para a realização dessas atividades, o emissor e o receptor guardam consigo possibilidades particulares nos recursos do cérebro, em cuja intimidade se processam circuitos elementares do campo nervoso, atendendo a trabalhos espontâneos do Espírito, como sejam, ideação, seleção, autocrítica e expressão.

Circuito aberto e circuito fechado – A corrente, em sentido convencional, no circuito elétrico, é expedida do polo positivo do gerador, circula nos aparelhos de utilização e volta ao gerador, alcançando-lhe o polo negativo, do qual passa, por intermédio do campo interno do gerador, ao polo positivo, prosseguindo em seu curso.

Entretanto, para que a corrente se mantenha, é imprescindível que o interruptor de manobra se demore ligado ou, mais claramente, que o circuito esteja fechado, uma vez que em regime de circuito aberto a corrente não circula.

A corrente mental no circuito mediúnico equilibra-se igualmente entre a entidade comunicante e o médium, mas, para que se lhe alimente o fluxo energético em circulação, é indispensável que o *pensamento constante de aceitação ou adesão* do médium se mostre em equilíbrio ou, mais exatamente, é preciso que o circuito mediúnico permaneça fechado, porque em regime de circuito aberto ou desatenção a corrente de associação mental não se articula.

Resistência – Todo circuito elétrico se evidencia por peculiaridades distintas, chamadas "constantes" ou "parâmetros", a saber: resistência, indutância e capacitância.

6.3 Resistência é a propriedade que assinala o gasto de energia elétrica no circuito, como provisão de calor, correspondendo à despesa de atrito em mecânica.

Igualmente no circuito mediúnico, a resistência significa a dissipação de energia mental, destinada à sustentação de base entre o Espírito comunicante e o médium.

Indutância – No circuito elétrico, indutância é a peculiaridade por meio da qual a energia é acumulada no campo magnético provocado pela corrente, impedindo-lhe a alteração, seja por aumento ou por diminuição. Em vista da indutância, quando a corrente varia, aparece na intimidade do circuito determinado acréscimo de força, opondo-se à mudança, o que faz dessa propriedade uma característica semelhante ao resultado da inércia em mecânica. Se o circuito elétrico em ação sofre abrupta solução de continuidade, o efeito em estudo produz uma descarga elétrica, cujas consequências variam com a intensidade da corrente, uma vez que o circuito, encerrando bobinas e motores, caracteriza-se por natureza profundamente indutiva, implementos esses que não devem ser interrompidos de chofre e cujos movimentos devem ser reduzidos devagar, único modo de frustrar o aparecimento de correntes extras, suscetíveis de determinar fechamentos ou rupturas desastrosas para os aparelhos de utilização.

Também no circuito mediúnico verifica-se a mesma propriedade ante a energia mento-eletromagnética armazenada no campo da associação mental, entre a entidade comunicante e o médium, provocada pelo equilíbrio entre ambos, obstando possíveis variações. Em virtude de semelhante princípio, se aparece alguma alteração na corrente mental, surge nas profundezas da conjugação mediúnica certo aumento de força, impedindo a variação. Se a violência interfere criando mudanças bruscas, a indutância no plano mental determina uma descarga magnética, cujos efeitos se hierarquizam, conforme a intensidade da integração em andamento, porquanto o circuito mediúnico, envolvendo implementos fisiopsicossomáticos e tecidos celulares complexos no plano físico e no Plano Espiritual, mostra-se fortemente indutivo e não deve ser submetido a interrupções intempestivas, sendo necessário atenuar-se-lhe a intensidade, quando se lhe trace a terminação, para que se impossibilite a formação de extracorrentes magnéticas, capazes de operar desajustes e perturbações físicas, perispiríticas e emocionais, de resultados imprevisíveis para o médium, quanto para a entidade em processo de comunicação.

6.4 *Capacitância* – No circuito elétrico, capacitância é a peculiaridade mediante a qual se permite a acumulação da energia no campo elétrico, energia essa que acompanha a presença da voltagem, revelando semelhança ao efeito da elasticidade em mecânica.

Os aparatos que guardam energia no campo eletrostático do circuito são chamados capacitores ou condensadores.

Um capacitor, por exemplo, acumula energia elétrica durante a carga, restituindo-a ao circuito, por ocasião da descarga.

Em identidade de circunstâncias, no circuito mediúnico, capacitância exprime a propriedade pela qual se verifica o armazenamento de recursos espirituais no circuito, recursos esses que correspondem à sintonia psíquica.

Os elementos suscetíveis de condensar essas possibilidades, no campo magnético da conjunção mediúnica, expressam-se na capacidade conceptual e interpretativa na região mental do médium, que acumulará os valores recebidos da entidade que o comanda, devolvendo-a com a possível fidelidade ao serviço do circuito mediúnico na ação do intercâmbio.

Essas analogias são valiosas, compreendendo-se, então, por que motivo, nas tarefas mediúnicas, organizadas para fins nobres, é sempre necessário a formação de um circuito em que cada médium permanece subordinado ao tradicional "Espírito guia" ou determinado orientador da Espiritualidade.

7
Analogias de circuitos

Velocidade elétrica – Estudemos ainda alguns problemas **7.1**
primários da eletricidade para compreendermos com segurança
os problemas do intercâmbio mediúnico.

Sabemos que a velocidade na expansão dos impulsos elétricos é semelhante à da luz, ou 300.000 quilômetros por segundo.

Fácil entender, assim, que se estendermos um condutor, qual o fio de cobre, numa extensão de 300.000 quilômetros, e se numa das extremidades injetarmos certa quantidade de elétrons livres, um segundo após a mesma quantidade de elétrons livres verterá da extremidade oposta.

Entretanto, devemos considerar que a velocidade dos elétrons depende dos recursos imanentes da pressão elétrica e da resistência elétrica do elemento condutor, como acontece à velocidade de uma corrente líquida que depende da pressão aplicada e da resistência do encanamento.

Continuidade de correntes – Compara-se vulgarmente a circulação da corrente elétrica num circuito fechado, na base do gerador e dos recursos que encerram a aparelhagem utilizada, ao curso da água em determinado setor de canalização.

7.2 Se sustentarmos uma pressão contínua sobre o montante líquido, com o auxílio de uma bomba, a linha colateral da artéria circulatória será traspassada sempre pela mesma quantidade de água, no mesmo espaço de tempo, e se alimentarmos um circuito elétrico, por meio de um gerador, em regime de uniformidade, o grau de intensidade da corrente será constante, em cada setor do mesmo circuito.

Acontece que reduzida quantidade de elétrons produz correntes de força quase imperceptíveis, à maneira de apenas algumas gotas de água que, arrojadas ao bojo do encanamento, não conseguem formar senão curso fraco e imperfeito.

Assim como se faz necessária uma corrente líquida em circulação e massa constantes, é imperioso se façam cargas de bilhões de elétrons por segundo, para que se mantenha a produção de correntes elétricas de valores contínuos.

Expressões de analogia – Aplicando os conceitos expendidos aos nossos estudos da mediunidade, recordemos a analogia existente entre os circuitos hidráulico, elétrico e mediúnico, nas seguintes expressões:

a) Curso d'água — fluxo elétrico — corrente mediúnica.

b) Pressão hidráulica — diferença de potencial elétrico, determinando harmonia — sintonia psíquica.

c) Obstáculos na intimidade do encanamento — resistência elétrica do circuito, por meio dos condutores — inibições ou desatenções do médium, dificultando o equilíbrio no circuito mediúnico.

d) Para que o curso d'água apresente pressão hidráulica uniforme, superando a resistência de atrito, é necessário o concurso da bomba ou a solução do problema de nível; — para que a corrente elétrica se mantenha com intensidade invariável, equacionando os impositivos da resistência elétrica, é imprescindível que o gerador assegure a diferença de potencial, nutrindo-se o movimento de elevada carga de elétrons, conforme as aplicações da força; — e para que se garanta a complementação do circuito mediúnico, com a possível anulação das deficiências de intercâmbio, é preciso que o médium ou os médiuns em conjunção para determinada tarefa se consagrem, de boa mente, à manutenção do *pensamento constante de aceitação ou adesão* ao plano da entidade ou das entidades da esfera superior que se proponham a utilizá-los em serviço de elevação ou socorro. Tanto quanto lhes seja possível, devem os médiuns alimentar esse pensamento ou recurso condutor, sempre mais enriquecido dos valores de tempo e condição, sentimento e cultura, com o alto entendimento da obra de benemerência ou educação a realizar.

7.3 *Necessidades da sintonia* – Não se veja em nossas assertivas qualquer tendência à inutilização da vontade do médium, com evidente desrespeito à personalidade humana, inviolável em seu livre-arbítrio.

Anotamos simplesmente as necessidades da sintonia no trabalho das Inteligências associadas para fins enobrecedores, porque, em verdade, os médiuns trazidos ao serviço de reflexão do plano superior, quer nas obras de caridade e esclarecimento, quer nas de instrução e consolo, precisarão abolir tudo o que lhes constitua preocupações extras, tanto no que se refira à perda de tempo quanto no que se reporte a interesses subalternos da experiência vulgar, sustentando-se, por esforço próprio e não por exigência dos Espíritos benevolentes e sábios, em clima de responsabilidade, alegremente aceita, e de trabalho voluntário, na preservação e enriquecimento dos agentes condutores da sua vida mental, no sentido de valorizar a própria cooperação, com fé no bem e segura disposição ao sacrifício, no serviço a efetuar-se.

7.4 Naturalmente, estudamos, no presente registro, a mediunidade em ação construtiva e não o fenômeno mediúnico, suscetível de ser identificado a cada passo, inclusive nos problemas obscuros da obsessão.

Detenção de circuitos – Cabe considerar que as analogias de circuitos apresentadas aqui são confrontos portadores de justas limitações, porquanto, na realidade, nada existe na circulação da água que corresponda ao efeito magnético da corrente elétrica, como nada existe na corrente elétrica que possa equivaler ao efeito espiritual do circuito mediúnico.

Recorremos às comparações em foco apenas para lembrar aos nossos companheiros de estudo a imagem de "correntes circulantes", recordando, ainda, que a corrente líquida, comumente vagarosa, a corrente elétrica muito rápida e a corrente mental ultrarrápida podem ser adaptadas, controladas, aproveitadas ou conduzidas, não podendo, entretanto, suportar indefinida armazenagem ou detenção, sob pena de provocarem o aparecimento de charcos, explosões e rupturas, respectivamente.

Condução das correntes – Na distribuição prestante das águas, no circuito hidráulico, são necessários reservatórios e canais, represas e comportas, em edificações adequadas.

Na aplicação da corrente elétrica, em circuitos correspondentes, não podemos prescindir, como na administração da força eletromotriz, de alternadores inteligentemente estruturados, para a dosagem de correntes e voltagens diversas, com a produção de variadas utilidades.

E no aproveitamento da corrente mental, no circuito mediúnico, são necessários instrumentos receptores capazes de atender às exigências da emissão, para qualquer serviço de essência elevada, compreendendo-se, desse modo, que a corrente líquida, a corrente elétrica e a corrente mental dependem, nos seus efeitos, da condução que se lhes imprima.

# 8
Mediunidade e eletromagnetismo

8.1 *Mediunidade estuante* – Aplicando noções de eletricidade ao exame do circuito mediúnico, será interessante alinhar alguns leves apontamentos.

Na generalidade dos metais, principalmente no cobre, na prata, no ouro e no alumínio, os elétrons livres são facilmente destacáveis do átomo, motivo pelo qual semelhantes elementos são chamados condutores.

Isso acontece em razão de esses elétrons livres serem destacáveis ante a aposição de uma pressão elétrica, uma vez que, quando um átomo acusa a deficiência de um elétron, ele desloca, de imediato, um elétron do átomo adjacente, estabelecendo-se, desse modo, a corrente elétrica em certa direção, a expressar-se sempre por intermédio do metal, permanecendo, assim, os átomos em posição de harmonia.

Aqui temos a imagem das criaturas dotadas de mediunidade estuante e espontânea, nas quais a sensibilidade psíquica se deixa traspassar, naturalmente, pelas irradiações mentais afins, reclamando educação adequada para o justo aproveitamento dos recursos de que são portadoras.

8.2 *Corrente elétrica* – Para que se faça mais clareza em nosso tema, é imperioso incluir o magnetismo, de modo mais profundo, em nossas observações de limiar.

Sempre que nos reportamos ao estudo de campos magnéticos, o ímã é recordado para marco inicial de qualquer anotação.

Nele encontramos um elemento com a propriedade de atrair limalhas de ferro ou de aço e que, com liberdade de girar ao redor de um eixo, assume posição definida, relativamente ao meridiano geográfico, voltando invariavelmente a mesma extremidade para o polo norte do planeta.

Estabelecendo algumas ideias com respeito ao assunto, consignaremos que a corrente elétrica é a fonte de magnetismo até agora para nós conhecida na Terra, e no Plano Espiritual.

Nessa mesma condição entendemos a corrente mental, também corrente de natureza elétrica, embora menos ponderável na esfera física.

Em torno, pois, da corrente elétrica, por meio desse ou daquele condutor, surgem efeitos magnéticos de intensidade correspondente, e sempre que nos proponhamos à produção de tais efeitos é necessário recorrer ao apoio da corrente referida.

Sabemos, no entanto, que a eletricidade vibra em todos os escaninhos do infinitamente pequeno.

Em cálculo aproximado, não ignoramos que um elétron transporta consigo uma carga elétrica de $1,6 \times 10^{-19}$ coulomb.

Além do movimento de translação ou de *saltos* em derredor do núcleo, os elétrons caracterizam-se igualmente por determinado movimento de rotação sobre o seu próprio eixo, se podemos referir-nos desse modo às partículas que os exprimem, produzindo os efeitos conhecidos por *spins*.

8.3 *"Spins" e "domínios"* – Geralmente, nas camadas do sistema atômico, os chamados "spins" ou diminutos vórtices magnéticos, revelando natureza positiva ou negativa, se compensam uns aos outros, mas não em determinados elementos, como seja o átomo de ferro, no qual existem quatro "spins" ou efeitos magnéticos desajustados nas camadas periféricas, provocando as avançadas peculiaridades magnéticas que se exteriorizam dele, porquanto, reunido a outros átomos da mesma substância, faz que se conjuguem, ocasionando a formação espontânea de ímãs microscópicos ou, mais propriamente, "domínios".

Esses "domínios" se expressam de maneira irregular ou desordenada, guardando, contudo, a tendência de se alinharem, como, por exemplo, no mesmo átomo de ferro a que nos reportamos.

Inclinam-se a espontâneo ajustamento, de conformidade com um dos três eixos do cristal desse elemento, mas sofrem obstrução oferecida pelas energias interatômicas, a funcionarem como recursos de atrito contra a mudança provável da condição magnética que lhes é característica. Todavia, se a intensidade magnética do campo for aumentada, alcançando determinado teor, com capacidade de garantir a orientação de cada "domínio", cada "domínio" atingido entra imediatamente no alinhamento magnético e, à medida que se dilate o campo, todos os "domínios" se padronizam pela mesma orientação, tornando-se, dessa forma, o fluxo magnético gradativamente maior.

Tão logo a totalidade dos "domínios" assume direção idêntica, afirma-se que o *corpo* ou *material* está saturado ou, mais exatamente, que já se encontram ocupadas todas as valências dos sistemas atômicos de que esse *corpo* ou *material* se compõe.

Campo magnético essencial – Da associação dos chamados "domínios", surgem as linhas de força a entretecerem o campo magnético essencial ou, mais propriamente, o espaço em torno de um polo magnético.

8.4 Esse campo é suscetível de ser perfeitamente explorado por uma agulha magnética.

Sabemos que um polo magnético se caracteriza por intensidade análoga à unidade sempre que estiver colocado à distância de 1 centímetro de um polo idêntico, estabelecendo-se que a força de repulsão ou da atração existente entre ambos equivale a 1 dina.

É assim que o *oersted* designa a intensidade do campo que funciona sobre a massa magnética unitária com a força de 1 dina.

Se o campo magnético terrestre é muito reduzido, formando a sua componente horizontal 0,2 oersted e a vertical 0,5 oersted aproximadamente, os campos magnéticos, nos fluxos habituais de aplicação elétrica, demonstram elevado grau de intensidade, qual acontece no campo característico do entreferro anular de um alto-falante, que medeia, aproximadamente, de 7.000 a 14.000 oersteds.

Fácil reconhecer que, em todos os elementos atômicos nos quais os efeitos magnéticos ou "spins" se revelam compensados, os "domínios" ou ímãs microscópicos se equilibram na constituição interatômica, com índices de harmonia ou saturação adequados, pelos quais o campo magnético se mostra regular, o que não acontece nos elementos em que os "spins" da camada periférica se evidenciam descompensados ou naqueles que estejam sob regime de excitação.

Possuímos, na Terra, as chamadas substâncias magnéticas naturais e ainda aquelas que podem adquirir semelhantes qualidades artificialmente, como sejam mais destacadamente o ferro, o aço, o cobalto, o níquel e as ligas que lhes dizem respeito, merecendo especial menção o ferro doce, que mantém a imanização apenas no curso de tempo em que se acha submetido à ação magnetizante, e o aço temperado, que se demora imanizado por mais tempo, depois de cessada a ação referida, em vista de reter a imanização remanente.

8.5 *Ferromagnetismo e mediunidade* – Após ligeiros apontamentos sobre circuitos elétricos e efeitos magnéticos, surpreendemos no ferromagnetismo um ponto expressivo para o estudo da mediunidade. Perceberemos nas mentes ajustadas aos imperativos da experiência humana, mesmo naquelas de sensibilidade mediúnica normal, criaturas em que os "spins" ou efeitos magnéticos da atividade espiritual se evidenciam necessariamente harmonizados, presidindo a formação dos "domínios" ou ímãs diminutos do mundo íntimo em processo de integração, por meio do qual o campo magnético se mostra entrosado às emoções comuns, ao passo que, nas organizações mentais em que os "spins" ou efeitos magnéticos do pensamento apareçam descontrabalançados, as propriedades magnéticas patenteiam teor avançado, tanto maior quanto mais vasta a descompensação, plasmando condições mediúnicas variáveis por exigirem o auxílio de correntes de força que lhes ofereçam o necessário equilíbrio, o que ocorre tanto com as grandes almas que aceitam ministérios de abnegação e renúncia em planos inferiores, aí permanecendo em posição de desnível, como também com as almas menos enobrecidas, embora em outro sentido, segregadas em aflitivo desajuste nas reencarnações reparadoras por se haverem onerado perante a Lei.

Vemos, pois, que as mentes integralmente afinadas com a esfera física possuem campo magnético reduzido, ao passo que aquelas situadas em condições anômalas guardam consigo campo magnético mais vasto, com possibilidades de ampliação, seja nas atividades que se relacionam com o exercício do bem ou naquelas que se reportam à prática do mal.

"Descompensação vibratória" – Sem obstáculo, reconhecemos que a mediunidade ou capacidade de sintonia está em todas as criaturas, porque todas as criaturas são dotadas de campo magnético particular, campo esse, porém, que é sempre mais pronunciado naquelas que estejam temporariamente em regime

de "descompensação vibratória", seja de teor purgativo ou de elevada situação, a transparecer no trabalho expiatório da alma que se rendeu à delinquência ou na ação missionária dos Espíritos de eleição que se entregam à bem-aventurança do sacrifício por amor, em estágios curtos ou longos na reencarnação terrestre, com o objetivo de trazerem das esferas superiores mais alta contribuição de progresso ao pensamento da Humanidade.

9
Cérebro e energia

Geradores e motores – Na produção de corrente contínua em **9.1** eletricidade, possuímos geradores e motores capazes de criar força eletromotriz e fornecer corrente, no que respeita aos geradores, ou de ceder potência determinada, no que tange aos motores.

Nas máquinas destinadas a semelhantes serviços, encontramos os enrolamentos em tambor, que podem ser imbricados ou ondulados, com particularidades técnicas variadas.

Anotando a multiplicidade dos aparelhos dessa espécie, lembremo-nos de que os geradores, em sua maioria, são sempre autoexcitados.

E para consolidar imagens comparativas, preciosas no assunto, permitimo-nos repetir as figurações já feitas em capítulos anteriores, a respeito da *atenção* e da *desatenção*, para fixar com mais segurança o nosso estudo acerca da criação da energia mental e expansão respectiva.

Gerador shunt – Observemos um gerador *shunt*, em que o fenômeno da corrente elétrica é mais acessível ao nosso exame.

9.2 Imaginando-se-lhe o interruptor aberto, quando o induzido começa a girar, repararemos que aí se plasma pequena força eletromotriz, em vista da formação de magnetismo residual.

Essa força, no entanto, não patrocina qualquer corrente circulante no campo.

Se fechamos, contudo, o interruptor, a força eletromotriz gerada produz uma corrente no campo que, por sua vez, determina a formação de uma força magnetomotriz de sentido idêntico àquele em que se expressa o magnetismo residual, dilatando o fluxo, até que a força eletromotriz alcance o seu máximo valor, de conformidade com a resistência integral do campo.

A elevação da voltagem cessa no ponto em que a linha de resistência interrompe a curva de saturação, porquanto, acima dessa zona, a força eletromotriz gerada é menor do que aquela necessária para sustentar o valor da corrente excitadora.

Frustração da corrente elétrica – Sempre que a corrente de um gerador não se alteie, a frustração é devida a causas diversas, das quais salientamos as mais importantes:

a) Ausência de magnetismo residual, quando se trata de aparelhos novos ou fora de serviço por longo tempo;

b) Ligações invertidas no circuito do campo, uma vez que, se precisamos do magnetismo de resíduo para que se produza ação adicional no circuito magnético, é indispensável que o campo *shunt* esteja em ligação com a armadura, de maneira que a corrente excitadora engendre a força eletromotriz que se adicione ao campo residual;

c) Resistência excessiva do circuito do campo, que poderá advir de ligações inconvenientes ou de influência perniciosa dos detritos acumulados na máquina.

Gerador do cérebro – Com alguma analogia, encontramos no cérebro um gerador autoexcitado, acrescido em sua contextura íntima de avançados implementos para a geração, excitação, transformação, indução, condução, exteriorização, captação, assimilação e desassimilação da energia mental, qual se um gerador comum desempenhasse não apenas a função de criar força eletromotriz e consequentes potenciais magnéticos para fornecê-los em certa direção, mas também todo o acervo de recursos dos modernos emissores e receptores de radiotelefonia e televisão, acrescidos de valores ainda ignorados na Terra.

9.3 Erguendo-se sobre os vários departamentos do corpo, a funcionarem por motores de sustentação, o cérebro, com as células especiais que lhe são próprias, detém verdadeiras usinas microscópicas, das quais as pequenas partículas de germânio, na construção do transistor, nos conjuntos radiofônicos miniaturizados, podem oferecer imperfeita expressão.

É aí, nesse microcosmo prodigioso, que a matéria mental, ao impulso do Espírito, é manipulada e expressa, em movimento constante, produzindo correntes que se exteriorizam no espaço e no tempo, conservando mais amplo poder na aura da personalidade em que se exprime, por meio de ação e reação permanentes, como acontece no gerador comum, em que o fluxo energético atinge valor máximo, segundo a resistência integral do campo, diminuindo de intensidade na curva de saturação.

Nas reentrâncias de semelhante cabine, de cuja intimidade a criatura expede as ordens e decisões com que traça o próprio destino, temos, no córtex, os centros da visão, da audição, do tato, do olfato, do gosto, da palavra falada e escrita, da memória e de múltiplos automatismos, em conexão com os mecanismos da mente, configurando os poderes da memória profunda, do discernimento, da análise, da reflexão, do entendimento e dos multiformes valores morais de que o ser se enriquece no trabalho da própria sublimação.

Nessas *províncias-fulcros* da individualidade, circulam as correntes mentais constituídas à base dos átomos de matéria da mesma grandeza, qual ocorre na matéria física, em que as correntes elétricas resultam dos átomos físicos excitados, formando, em sua passagem, o consequente resíduo magnético, pelo que depreendemos, sem dificuldade, a existência do eletromagnetismo tanto nos sistemas interatômicos da matéria física, como naqueles em que se evidencia a matéria mental.

9.4 *Corrente do pensamento* – Sendo o pensamento força sutil e inexaurível do Espírito, podemos categorizá-lo, assim, à conta de corrente viva e exteriorizante, com faculdades de autoexcitação e autoplasticização inimagináveis.

À feição do gerador *shunt*, se a mente jaz desatenciosa, como que mantendo o cérebro em circuito aberto, forma-se, no mundo intracraniano, reduzida força mentocriativa que não determina qualquer corrente circulante no campo individual; mas, se a mente está concentrada, fazendo convergir sobre si mesma as próprias oscilações, a força mentocriativa gerada produz uma corrente no campo da personalidade que, a seu turno, provoca a formação de energia mental de sentido análogo àquele em que se exprime o magnetismo de resíduo, dilatando o fluxo até que a força aludida atinja o seu valor máximo, de acordo com a resistência do campo a que nos referimos.

Surpreendemos, nessa fase, o mesmo fenômeno de elevação da voltagem no gerador elétrico, porquanto, no cosmo fisiopsicossomático, a corrente mentocriativa se alteia até o ponto de saturação, do qual se alonga, com menor expressão de potencial, no rumo dos objetivos a que se afeiçoe, conforme a linha do desejo.

Negação da corrente mental – Sempre que a corrente mental ou mentocriativa não possa expandir-se, tal negação se filia a causas diversas, das quais, como acontece na máquina *shunt*, assinalamos as mais expressivas:

1) Ausência de magnetismo residual, tratando-se de cérebros primitivos, isto é, de criaturas nos primeiros estágios do

pensamento contínuo, no reino hominal, ou de pessoas por largo tempo entregues a profunda e reiterada ociosidade espiritual.

2) Circuitos mentais invertidos, em razão de monoideísmo vicioso, na maioria das vezes agravado por influências obsessivas. **9.5**

3) Deficiência da aparelhagem orgânica, por motivo de enfermidade ou perturbações temporárias, oriundas do relaxamento da criatura, no trato com o próprio corpo.

10
Fluxo mental

10.1 *Partícula elétrica* – Por anotações ligeiras acerca da Microfísica, sabemos que toda partícula se desloca gerando onda característica naturalmente formada pelas vibrações do campo elétrico, relacionadas com o número atômico dos elementos.

Conjugando os processos termoelétricos e o campo magnético, a Ciência pode medir com exatidão a carga e a massa dos elétrons, demonstrando que a energia se difunde, por meio de movimento simultâneo, em partículas infra-atômicas e pulsações eletromagnéticas correspondentes.

Informamo-nos, ainda, de que a circulação da corrente elétrica num condutor é invariavelmente seguida do nascimento de calor, formação de um campo magnético ao redor do condutor, produção de luz e ação química.

Deve-se o aparecimento do calor às constantes colisões dos elétrons livres, espontaneamente impelidos a se moverem ao longo do condutor, associando a velocidade de transferência ou deslocamento à velocidade própria, no que tange à translação sobre si mesmos, o que determina a agitação dos átomos e das moléculas, provocando aquecimento.

A constituição de um campo magnético ao redor do condutor é induzida pelo movimento das correntes corpusculares a criarem forças ondulatórias de imanização. A produção de luz decorre da corrente elétrica do condutor. E a ação química resulta de circulação da corrente elétrica, por meio de determinadas soluções.

Partícula mental – Em identidade de circunstâncias, apesar da diversidade dos processos, toda partícula da corrente mental, nascida das emoções e desejos recônditos do Espírito, por meio dos fenômenos íntimos e profundos da consciência, cuja estrutura ainda não conseguimos abordar, se desloca, produzindo irradiações eletromagnéticas, cuja frequência varia conforme os estados mentais do emissor, qual acontece na chama, cujos fótons arremessados em todas as direções são constituídos por grânulos de força cujo poder se revela mais ou menos intenso segundo a frequência da onda em que se expressam.

Corrente mental sub-humana – Nos reinos inferiores da Natureza, a corrente mental restringe-se a impulsos de sustentação nos seres de constituição primária, a começar dos minerais, preponderando nos vegetais e avançando pelo domínio dos animais de formação mais simples, para se evidenciar mais complexa nos animais superiores que já conquistaram bases mais amplas à produção do pensamento contínuo.

Em todas as criaturas sub-humanas, os agentes mentais, na forma de impulsos constantes, são, desse modo, empregados na manutenção de calor e magnetismo, radiação e atividade química nos processos vitais dos circuitos orgânicos, de maneira a sedimentarem, pouco a pouco, os alicerces da inteligência, salientando-se que nos animais superiores os impulsos mentais a que aludimos já se responsabilizam por valioso patrimônio de percepções avançadas.

Função dos agentes mentais – Por intermédio dos agentes mentais ou ondas eletromagnéticas incessantes, temos os fenômenos elétricos da transmissão sináptica ou transmissão do impulso nervoso de um neurônio a outro, fenômenos esses que podem ser largamente analisados nos gânglios simpáticos (quais o oftálmico, o estrelado, o cervical superior, o mesentérico inferior, os lombares), na medula espinhal, após a excitação das fibras aferentes, nos núcleos motores dos nervos oculomotor comum e motores espinhais.

10.3 Podemos, ainda, verificar essa ocorrência nos neurônios motores espinhais, valendo-nos de eletródios intracelulares.

Inibindo, controlando, libertando ou distribuindo a força nervosa ou os potenciais eletromagnéticos acumulados pelos impulsos mentais, nas províncias celulares, surpreendemos a coordenação dos estímulos diversos, mantenedores do equilíbrio orgânico, por meio da ação conduzida dos vários mediadores químicos de que as células se fazem os fabricantes e distribuidores essenciais.

Corrente mental humana – No homem a corrente mental assume feição mais elevada e complexa.

No cérebro humano, gabinete da alma erguida a estágios mais nobres na senda evolutiva, ela não se exprime tão só à maneira de impulso necessário à sustentação dos circuitos orgânicos, com base na nutrição e reprodução. É pensamento contínuo, fluxo energético incessante, revestido de poder criador inimaginável.

Nasce das profundezas da mente, em circunstâncias por agora inacessíveis ao nosso conhecimento, porque, em verdade, a criatura, pensando, cria sobre a Criação ou pensamento concreto do Criador.

E, após nascida, ei-la — a corrente mental — que se espraia sobre o cosmo celular em que se manifesta, mantendo a fábrica admirável das unidades orgânicas, por meio da inervação visceral e da inervação somática a se constituírem pelo arco reflexo espinhal, bem como pelos centros e vias de coordenação superiores.

E, assim, percorre o arco reflexo visceral, vibrando:

a) nas fibras aferentes, cuja tessitura celular permanece nos gânglios das raízes dorsais e dos nervos cranianos correspondentes;

b) nas fibras conectoras mielínicas que se originam na coluna intermédio-lateral;

c) nas fibras motoras originadas nos neurônios ganglionares e que terminam nos efetores ou fibras pós-ganglionares.

Acima do nível espinhal, vibra ainda:

a) na integração pontobulbar, em que se hierarquizam reflexos importantes, como sejam os da pressão arterial;

b) no conjunto talâmico e hipotalâmico, em que se mecanizam os reflexos do Espírito;

c) na composição cortical.

A corrente mental, segundo observamos, vitaliza, particularmente, todos os centros da alma e, consequentemente, todos os núcleos endócrinos e junturas plexiformes da usina física, em cuja urdidura dispõe o Espírito de recursos para os serviços da emissão e recepção, ou exteriorização dos próprios pensamentos e assimilação dos pensamentos alheios.

Campo da aura – Articulando, ao redor de si mesma, as radiações das sinergias funcionais das agregações celulares do campo físico ou do psicossomático, a alma encarnada ou desencarnada está envolvida na própria aura ou túnica de forças eletromagnéticas, em cuja tessitura circulam as irradiações que lhe são peculiares.

Evidenciam-se essas irradiações, de maneira condensada, até um ponto determinado de saturação, contendo as essências e imagens que lhe configuram os desejos no mundo íntimo, em processo espontâneo de autoexteriorização, ponto esse do qual a sua onda mental se alonga adiante, atuando sobre todos os que com ela se afinem e recolhendo naturalmente a atuação de todos os que se lhe revelem simpáticos.

E, desse modo, estende a própria influência que, à feição do *campo* proposto por Einstein, diminui com a distância do fulcro consciencial emissor, tornando-se cada vez menor, mas a espraiar-se no Universo infinito.

11
Onda mental

11.1 *Onda hertziana* – Examinando sumariamente as forças corpusculares de que se constituem todas as correntes atômicas do plano físico, podemos compreender, sem dificuldade, no pensamento ou radiação mental, a substância de todos os fenômenos do espírito, a expressar-se por ondas de múltiplas frequências.

Valendo-nos de ideia imperfeita, podemos compará-lo, de início, à onda hertziana, tomando o cérebro como um aparelho emissor e receptor ao mesmo tempo.

Pensamento e televisão – Recorrendo ainda a recursos igualmente incompletos, recordemos a televisão, cujos serviços se verificam à base de poderosos feixes eletrônicos devidamente controlados.

Nos transmissores dessa espécie, é imperioso conjugar a aparelhagem necessária à captação, transformação, irradiação e recepção dos sons e das imagens de modo simultâneo.

De igual maneira, até certo ponto, o pensamento, a formular-se em ondas, age de cérebro a cérebro, quanto a corrente de elétrons, de transmissor a receptor, em televisão.

Não desconhecemos que todo Espírito é fulcro gerador de vida onde se encontre.

E toda espécie de vida começa no impulso mental.

Sempre que pensamos, expressando o campo íntimo na ideação e na palavra, na atitude e no exemplo, criamos formas-pensamento ou imagens-moldes que arrojamos para fora de nós, pela atmosfera psíquica que nos caracteriza a presença.

Sobre todos os que nos aceitem o modo de sentir e de ser, consciente ou inconscientemente, atuamos à maneira do hipnotizador sobre o hipnotizado, verificando-se o inverso toda vez que aderimos ao modo de ser e de sentir dos outros.

O campo espiritual de quem sugestiona gera no âmbito da própria imaginação os esboços ou planos que se propõe exteriorizar, assemelhando-se, então, à câmara de imagens do transmissor vulgar, em que o iconoscópio, com o jogo de lentes adequadas, focaliza a cena sobre a face sensível do mosaico que existe numa das extremidades dele mesmo, iconoscópio, ao passo que um dispositivo explorador, situado na outra extremidade, fornece um feixe tênue de elétrons ou raio explorador que percorre toda a superfície do mosaico.

Quando o raio explorador alcança a superfície do mosaico, desprende-se deste uma corrente elétrica de potência proporcional à luminosidade da região que está atravessando e, compreendendo-se que a maior ou menor luminosidade dos pontos diversos do mosaico equivale à imagem sobre ele mesmo refletida, perceberemos com facilidade que as variações de intensidade da corrente fornecida pelo mosaico equivalem à metamorfose das cenas em eletricidade, variações que respondem pelas modificações das cores e respectivos semitons.

As imagens arremessadas pelo dispositivo de focalização da câmara, atingindo o mosaico, se fazem invisíveis ao olhar comum.

1.3 Nessa fase da transmissão, os vários pontos do mosaico acumulam maior ou menor corrente elétrica, segundo a porção de luz a incidir sobre eles.

Somente depois dessa operação, que prossegue em variadas minudências técnicas, é que a cena passa ao transmissor da imagem, a reconstituir-se, por meio do cinescópio ou válvula da imagem, no aparelho receptor, válvula essa cujo funcionamento é quase análogo ao do iconoscópio, na transmissão, embora fisicamente não se pareçam.

Células e peças – Com muito mais primor de organização, o cérebro ou cabine de manifestação do Espírito, tanto quanto possamos conhecer-nos, do ponto de vista da estrutura mental, em nossa presente condição evolutiva, possui nas células e implementos que o servem aparelhagens correspondentes às peças empregadas em televisão para a emissão e recepção das correntes eletrônicas, exteriorizando as ondas que lhe são características, a transportarem consigo estímulos, imagens, vozes, cores, palavras e sinais múltiplos, por intermédio de vias aferentes e eferentes, nas faixas de sintonia natural.

As válvulas, câmaras, antenas e tubos destinados à emissão dos elétrons, ao controle dos elétrons emitidos, à formação dos feixes corpusculares e respectiva deflexão vertical e horizontal e a operações outras para que o mosaico ou espelho elétrico forneça os sinais de vídeo, equivalentes à metamorfose da cena em corrente elétrica, e para que a tela fluorescente converta de novo os sinais de vídeo na própria cena óptica, a exprimir-se nos quadros televisionados — configuram-se, admiravelmente, nos recursos sensíveis do cérebro, sistema nervoso, plexos e glândulas endócrinas, enriquecidos de outros elementos sensoriais no veículo físico e psicossomático, cabendo-nos, ainda, acentuar que a nossa comparação peca demasiado pela pobreza conceptual, porquanto, em televisão, na atualidade, há conjuntos distintos para emissão e recepção, quando o Espírito, na engrenagem individual do cérebro, conta com recursos avançados para serviços de emissão e recepção simultâneos.

Alavanca da vontade – Reconhecemos que toda criatura dispõe de oscilações mentais próprias, pelas quais entra em combinação espontânea com a onda de outras criaturas desencarnadas ou encarnadas que se lhe afinem com as inclinações e desejos, atitudes e obras, no quimismo inelutável do pensamento. **11.4**

Compreendendo-se que toda partícula de matéria em movimentação se caracteriza por impulso inconfundível, fácil ser-nos-á observar que cada Espírito, pelo poder vibratório de que seja dotado, imprimirá aos seus recursos mentais o tipo de onda ou fluxo energético que lhe define a personalidade, a evidenciar-se nas faixas superiores da vida, na proporção das grandezas morais, do ponto de vista de amor e sabedoria, que já tenha acumulado em si mesmo.

E para manejar as correntes mentais, em serviço de projeção das próprias energias e de assimilação das energias alheias, dispõe a alma, em si, da alavanca da vontade, por ela vagarosamente construída em milênios e milênios de trabalho automatizante.

A princípio, adstrita aos círculos angustos do primitivismo, a vontade, agarrada ao instinto de preservação, faz do Espírito um inveterado monomaníaco do prazer inferior.

Avançando pelo terreno inicial da experiência, aparece o homem qual molusco inteligente, sempre disposto a fechar o circuito das próprias oscilações mentais sobre si mesmo, em monoideísmo intermitente.

Vontade e aperfeiçoamento – A memória e a imaginação, ainda curtas, limitam a volição do homem a simples tendência que, no fundo, é aspecto primário da faculdade de decidir.

Ele mesmo opera a retração da onda mental que o personaliza, repelindo as vibrações que o inclinem ao burilamento sempre difícil e à expansão sempre laboriosa, para deter-se no reino afetivo das vibrações que o atraem, onde encontra os mesmos tipos de onda dos que se lhe assemelham, capazes de entreter-lhe a egolatria, no gregarismo das longas simbioses em repetidas reencarnações de aprendizagem.

11.5 A civilização, porém, chega sempre.

O progresso impõe novos métodos e a dor estilhaça envoltórios.

As modificações da escolha acompanham a ascensão do conhecimento.

A vontade de prazer e a vontade de domínio, no curso de largos séculos, convertem-se em prazer de aperfeiçoar e servir, acompanhados de autodomínio.

Cíclotron da vontade – Arremessa a criatura, naturalmente, a própria onda mental na direção dos Espíritos que penetraram mais amplos horizontes da evolução.

Alcançando semelhante estágio de consciência, a vontade, no campo do Espírito, desempenha o papel do cíclotron no mundo da Química, bombardeando automaticamente os princípios mentais que se lhe contraponham aos impulsos. E é, ainda, com essa faculdade determinante que ela preside as junções de onda, junto àquelas que se proponha assimilar, no plano das sintonias, uma vez que, quanto mais elevado o discernimento, mais livre se lhe fará a criação mental originária para libertar e aprisionar, enriquecer e sublimar, agravar os males ou acrescentar os próprios bens na esfera do destino.

12
Reflexo condicionado

Importância da reflexão – Entendendo-se que toda mente vibra na onda de estímulos e pensamentos em que se identifica, facilmente perceberemos que cada Espírito gera em si mesmo inimaginável potencial de forças mento-eletromagnéticas, exteriorizando nessa corrente psíquica os recursos e valores que acumula em si próprio. **12.1**

Daí nasce a importância da reflexão em todos os setores da vida.

É que, gerando força criativa incessante em nós, assimilamos, por impulso espontâneo, as correntes mentais que se harmonizem com o nosso tipo de onda, impondo às mentes simpáticas o fruto de nossas elucubrações e delas recolhendo o que lhes seja característico, em ação que independe da distância espacial, sempre que a simpatia esteja estabelecida e, com mais objetividade e eficiência, quando o serviço de troca mental se evidencie assegurado conscientemente.

Tipos de reflexos – Vale a pena recordar o conhecimento dos reflexos condicionados, em evolução na escola instituída por Pavlov.[37]

---

[37] N.E.: Ivan Pavlov (1849-1936), fisiólogo e médico russo.

12.2   Esse campo de experiências traz a estudo os reflexos congênitos ou incondicionados, quais os chamados protetores, alimentares, posturais e sexuais, detentores de vias nervosas próprias, como que hauridos da espécie, seguros e estáveis, sem necessidade do córtex, e os reflexos adquiridos ou condicionados, que não surgem espontaneamente, mas sim conquistados pelo indivíduo no curso da existência.

Os reflexos adquiridos ou condicionados, que se utilizam da intervenção necessária do córtex cerebral, desenvolvem-se sobre os reflexos preexistentes, à maneira de construções emocionais, por vezes instáveis, e sobre os alicerces das vias nervosas, que pertencem aos seguros reflexos congênitos ou absolutos.

Experiência de Pavlov – Lembremo-nos de que Pavlov, em uma de suas experiências, separou alguns cães do convívio materno, desde o nascimento, sujeitando-os ao aleitamento artificial. Como é lógico, revelaram naturalmente os reflexos congênitos, quais o patelar e o córneo-palpebral, mas, quando lhes foi mostrada a carne, tanto aos olhos quanto ao olfato, não segregaram saliva, não obstante à frente do alimento tradicional da espécie, demonstrando a esperada secreção apenas quando a carne lhes foi colocada na boca.

Desde então, os animais se habituaram a formar a mencionada secreção sempre que o referido alimento lhes fosse apresentado à vista ou ao olfato.

Observemos que o estímulo provocou um reflexo condicionado, como que em regime de enxertia sobre o reflexo congênito desencadeado pelo alimento introduzido na boca.

Reflexos psíquicos – Os princípios de reflexão podem ser aplicados aos reflexos psíquicos.

Compreenderemos, desse modo, que o ato de alimentar-se é um hábito estratificado na personalidade do cão, em processo evolucionista, por meio de reencarnações múltiplas, e que o ato de "preferir carne", mesmo se tratando de alimento ancestral da espécie a que se entrosa, é um hábito que ele adquire, formando impressões novas sobre um campo de sensações já consolidadas.

Recorremos à imagem simplesmente para salientar que os nossos reflexos psíquicos condicionados se revestem de suma importância em nossas ligações mentais diversas.

12.3

E esses reflexos são — todos eles — presididos e orientados pela indução.

Nos cães de Pavlov a que nos reportamos, a faculdade de comer representa atitude espontânea, como aquisição mental automática, mas o interesse pela carne a que foram habituados define uma atitude excitante, compelindo-lhes a mente a exteriorizar uma onda característica que age como pensamento fragmentário, em torno deles, a reagir neles próprios, notadamente sobre as células gustativas. Do mesmo modo, variados estímulos aparecem nos animais aludidos, segundo o desdobramento das impressões que lhes atingem o acanhado mundo sensório, acentuando-lhes a experiência.

Podemos, assim, apreciar a riqueza dos reflexos condicionados, pelos quais se expande a vida mental do Espírito humano, em que a razão, por luz do discernimento, lhe faculta o privilégio da escolha.

É nesses reflexos condicionados da atividade psíquica que principiam para o homem de pensamentos elementares os processos inconscientes da conjugação mediúnica, porquanto, emitindo a onda das ideias que lhe são próprias, ao redor dos temas que lhe sejam afins, exterioriza na direção dos outros as imagens e estímulos que acalenta consigo, recebendo, depois, sobre si mesmo os princípios mentais que exteriorizou, enriquecidos de outros agentes que se lhe sintonizem com as criações mentais.

Agentes de indução – Temos plenamente evidenciada a autossugestão, encorajando essa ou aquela ligação, esse ou aquele hábito, demonstrando a necessidade de autopoliciamento em todos os interesses de nossa vida mental, porquanto, conquistada a razão, com a prerrogativa da escolha de nossos objetivos, todo o alvo de nossa atenção se converte em fator indutivo, compelindo-nos a emitir os valores do pensamento contínuo na direção em que se nos fixe a ideia, direção essa na qual encontramos os princípios combináveis com os nossos, razão por que, automaticamente, estamos ligados em espírito com todos os encarnados ou desencarnados que pensam como pensamos, tão mais estreitamente quão mais estreita a distância entre nós e eles, isto é, quanto mais intimamente estejamos comungando a atmosfera mental uns dos outros, independentemente de fatores espaciais.

12.4 Uma conversação, essa ou aquela leitura, a contemplação de um quadro, a ideia voltada para certo assunto, um espetáculo artístico, uma visita efetuada ou recebida, um conselho ou uma opinião representam agentes de indução, que variam segundo a natureza que lhes é característica, com resultados tanto mais amplos quanto maior se nos faça a fixação mental ao redor deles.

Uso do discernimento – A liberdade de escolha, na pauta das Leis Divinas, é clara e incontestável nos processos da consciência.

Ainda mesmo em regime de prisão absoluta, do ponto de vista físico, o homem, no pensamento, é livre para eleger o bem ou o mal para as rotas do Espírito.

O discernimento deve ser, assim, usado por nós outros à feição de leme que a razão não pode esquecer à matroca, uma vez que se a vida física está cercada de correntes eletrônicas por todos os lados, a vida espiritual, da mesma sorte, jaz imersa em largo oceano de correntes mentais e, dentro delas, é imprescindível saibamos procurar a companhia dos Espíritos nobres, capazes de auxiliar a nossa sustentação no bem, para que o bem, como aplicação das Leis de Deus, nos eleve à vida superior.

13
Fenômeno hipnótico indiscriminado

Hipnotismo vulgar – No exame dos sucessos devidos ao **13.1** reflexo condicionado, é importante nos detenhamos, por alguns instantes, no hipnotismo vulgar.

Há quem diga que o ato de hipnotizar se filia à ciência de atuar sobre o espírito alheio, e, para que a impressão provocada, nesse sentido, se faça duradoura e profunda, é imperioso se não desenvolva maior intimidade entre o magnetizador e a pessoa que lhe serve de instrumento, porquanto a faculdade de hipnotizar, para persistir em alguém, reclama dos outros obediência e respeito.

Reparemos o fenômeno hipnótico em sua feição mais simples, a evidenciar-se, muita vez, em espetáculos públicos menos edificantes.

O operador pede silêncio e, para observar quais as pessoas mais suscetíveis de receber-lhe a influenciação, roga que todos os presentes fixem determinado objeto ou local, proibindo perturbação e gracejo.

13.2 Observamos aqui a operação inicial do "circuito fechado".

Exteriorizando-se em mais rigoroso regime de ação e reação sobre si mesma, a corrente mental dos assistentes capazes de entrar em sintonia com o toque de indução do hipnotizador passa a absorver-lhe os agentes mentais, predispondo-se a executar-lhe as ordens.

Semelhantes pessoas não precisarão estar absolutamente coladas à região espacial em que se encontra a vontade que as magnetiza. Podem estar até mesmo muito distanciadas, sofrendo-lhe a influência por meio do rádio, de gravações e da televisão. Desde que se rendam, profundamente, à sugestão inicial recebida, começam a emitir certo tipo de onda mental com todas as potencialidades criadoras da ideação comum e ficam habilitadas a plasmar as formas-pensamento que lhes sejam sugeridas, formas essas que, estruturadas pelos movimentos de ação dos princípios mentais exteriorizados, reagem sobre elas próprias, determinando os efeitos ou alucinações que lhes imprima a vontade a que se submetem.

Temos aí a perfeita conjugação de forças ondulatórias.

Graus de passividade – Induzidos pelo impacto de comando do hipnotizador, os hipnotizados produzem oscilações mentais com frequência peculiar a cada um, oscilações essas que, partindo deles, entram automaticamente em relação com a onda de forças positivas do magnetizador, voltando a eles próprios com a sugestão que lhes é desfechada, estabelecendo para si mesmos o campo alucinatório em que lhe responderão aos apelos.

Cada instrumento, nesse passo, após demonstrar obediência característica, revelar-se-á em determinado grau de passividade.

A maioria estará em posição de hipnose vulgar, alguns cairão em letargia e alguns raros em catalepsia ou sonambulismo.

Nos dois primeiros casos, isto é, na hipnose e na letargia, as pessoas apassivadas, à frente do magnetizador, terão libertado, em condições anômalas, certa classe de aglutininas mentais que facultam o sono comum, obscurecendo os núcleos de controle do Espírito, nos diversos departamentos cerebrais. Além disso, correlacionam-se com a *onda-motor* da vontade a que se sujeitam, substancializando, na conduta que lhes é imposta, os quadros que se lhes apresentem.

Nos dois segundos — catalepsia e sonambulismo provocado —, as oscilações mentais dos hipnotizados, a reagirem sobre eles mesmos, determinam o desprendimento parcial ou total do perispírito ou psicossoma, que, não obstante mais ou menos liberto das células físicas, se mantém sob o domínio direto do magnetizador, atendendo-lhe as ordenações. **13.3**

Ideia-tipo e reflexos individuais – Na hipnose ou na letargia, os passivos controlados executam habitualmente cenas que provocam admiração pela jogralidade com que se manifestam.

O hipnotizador dará, por exemplo, a dez passivos, em ação, a ideia de frio, asseverando que a atmosfera se tornou subitamente gélida.

Expedirão todos eles, para logo, ondas mentais características, associando as imagens que sejam capazes de formular.

Semelhantes vibrações encontram na onda mental do hipnotizador o agente excitante que lhes alimenta o fluxo crescente na direção do *objetivo determinado*.

No decurso de instantes, essas vibrações terão reagido muitas vezes sobre os cérebros que as geram e entretecem, inclinando-os a agir como se realmente estivessem em pleno inverno.

Cada um, entretanto, procederá no *vaivém* das oscilações de maneira diversa.

Aqui, um deles abotoará fortemente o casaco; ali, outro se encolherá, vergando a cabeça para a frente; acolá, outro fará gestos de quem toma agasalhos, utilizando objetos em desacordo com os que imagina, e, além, ainda outros tremerão, impacientes, como que desamparados à ventania de um temporal.

13.4 O toque excitante do hipnotizador lançou uma *ideia-tipo*; contudo, as mentes por ele impressionadas responderam em sintonia, mas segundo os reflexos peculiares a si mesmas.

Aula de violino – Na mesma ordem de fenômenos, o hipnotizador sugerirá aos mesmos passivos, em sono provocado, que se encontram numa aula de música e que lhes cabe o dever de ensaiarem ao violino.

A mente de cada um despedirá ondas de acordo com a ordem recebida, criando a forma-pensamento respectiva.

Em poucos segundos, sob o controle do magnetizador, tê-la-ão plasmado com tanto realismo quanto lhes seja possível.

Os mais achegados ao culto do referido instrumento assumirão atitude consentânea com o estudo mentalizado, conjugando movimentos harmoniosos, com a dignidade de um concertista, enquanto os adventícios da música exibirão gestos grotescos, manobrando a forma-pensamento mencionada quais se fossem crianças injuriando a arte musical.

Em todos os estados anômalos a que nos referimos, os *sujets* governados demonstrarão certo grau de passividade. Da hipnose semiconsciente ao sonambulismo profundo numerosas posições se evidenciam.

Hipnose e telementação – Em determinados estágios da ocorrência hipnótica, verifica-se o desprendimento parcial da personalidade, com o deslocamento de centros sensoriais.

Ainda aí, porém, o hipnotizado, no centro das irradiações mentais que lhe são próprias, permanece controlado pela onda positiva da vontade a que se submete.

Nessa condição, esse ou aquele passivo pode ainda representar o papel de suposta personalidade, conforme a sugestão que o magnetizador lhe incuta.

O hipnotizador escolherá, de preferência, uma figura popular, um cantor, um literato ou um regente de orquestra que esteja no âmbito de conhecimento do passivo em ação e inclina-lo-á a sentir-se como a pessoa lembrada.

Imediatamente o *sujet* estampará, no próprio fluxo de energia mental, a figura do artista, do escritor ou do maestro, de acordo com as possibilidades da própria imaginação, tomará da pena, erguerá a voz ou empunhará a forma-pensamento de uma batuta, por ele mesmo criada, manobrando os mecanismos da mente para substancializar a sugestão recebida. **13.5**

Entretanto, se o magnetizador lembra algum maestro de aldeia, ou escritor sem projeção, ou algum cantor obscuro, conhecido apenas dele, não será tão fácil ao passivo atender-lhe as ordens, por falta de recursos imaginativos a serem apostos por ele mesmo nas próprias oscilações mentais, o que apenas será conseguido após longos exercícios de telementação especializada entre ambos.

Sugestão e afinidade – Estabelecida a sugestão mais profunda, o hipnotizador pode traçar ao *sujet*, com pleno êxito, essa ou aquela incumbência de somenos importância, para ser executada após desperte do sono provocado, seja oferecer um lápis ou um copo d'água a certa pessoa, sugestão essa que por seu caráter elementar é absorvida pela onda mental do passivo, em seu movimento de refluxo, incorporando-se-lhe, automaticamente, ao centro da atenção, para que a vontade lhe dê curso no instante preciso.

Isso, porém, não aconteceria de modo tão simples se a sugestão envolvesse processos de mais alta responsabilidade na esfera da consciência, porquanto, nos atos mais complexos do Espírito, para que haja sintonia nas ações que envolvam compromisso moral, é imprescindível que a onda do hipnotizador se case perfeitamente à onda do hipnotizado, com plena identidade de tendências ou opiniões, qual se estivessem jungidos, moralmente, um ao outro nos recessos da afinidade profunda.

14
Reflexo condicionado específico

14.1 *Pródromos da hipnose* – Após observarmos o fenômeno do hipnotismo num espetáculo público, imaginemos que o magnetizador seja um homem digno de respeito, capaz de nutrir a confiança popular.

Suponhamos seja ele procurado por um cidadão qualquer, portador de doença nervosa, desejoso de tratar-se pela hipnose.

O enfermo tê-lo-á visto na exibição a que nos referimos ou dela terá recebido exato noticiário e, por isso mesmo, buscar-lhe-á o concurso, fortemente decidido a aceitar-lhe a orientação.[38]

---

[38] Nota do autor espiritual: A utilização dos fenômenos hipnóticos serve, neste livro, simplesmente para explicar os mecanismos da mediunidade, e não para induzir os companheiros do Espiritismo a praticá-los em suas tarefas, porquanto o nosso objetivo primordial é o serviço da Doutrina Espírita que devemos tomar por disciplinadora de todos os fenômenos que nos rodeiam, na esfera das ocorrências mediúnicas, em benefício de nossa própria melhoria moral.

O hipnotizador, de imediato, adquire conhecimento da **14.2** atitude simpática do visitante e acolhe-o com manifesto carinho.

Toma-lhe a mão, entrando de imediato na aura ou halo de forças do paciente, endereçando-lhe algumas inquirições.

Nesse toque direto, inocula-lhe vasta corrente revitalizadora, falando-lhe de bom ânimo e esperança, e o doente se lhe rende, satisfeito, aos apelos silenciosos de relaxamento da tensão que o castiga.

O consulente prestará ligeiros informes acerca dos sintomas de que se vê objeto, e o anfitrião, paternal, convidá-lo-á a sentar-se em larga poltrona que lhe faculte mais amplamente o repouso.

Mecanismo do fenômeno hipnótico – Recorrendo, para exemplo, em nosso estudo, ao conhecido processo de Liébeault,[39] o hipnotizador passará à ação franca, colocando-se à frente do enfermo.

E, situando de leve a mão esquerda sobre a sua cabeça, manterá dois dedos da mão direita, à distância aproximada de 20 a 30 centímetros dos olhos do paciente, de modo a formar com eles um ângulo elevado, compelindo-o a levantar os olhos, em atenção algo laboriosa, para que lhe fixe os dedos por algum tempo.

Com esse gesto, o magnetizador estará projetando o seu próprio fluxo energético sobre a epífise do hipnotizado, glândula esta de suma importância em todos os processos medianímicos,[40] por favorecer a passividade dos núcleos receptivos do cérebro, provocando, ao mesmo tempo, a atenção ou o *circuito fechado* no campo magnético do paciente, cuja onda mental, projetada para além de sua própria aura, é imediatamente atraída pelas oscilações do magnetizador que, a seu turno, lhe transmite a essência das suas próprias ordens.

Libertando as aglutininas mentais do sono, o passivo, na hipnose estimulada, se vê influenciado pela vontade que lhe co-

---

[39] N.E.: Médico francês, nascido em 1823, que dedicou-se ao estudo da hipnose.
[40] N.E.: Para mais claro entendimento do assunto, indicamos ao leitor a releitura do capítulo 2 do livro *Missionários da luz*, do mesmo autor espiritual, recebido pelo médium Francisco Cândido Xavier.

manda transitoriamente os sentidos, vontade essa a que, de maneira habitual, adere de moto próprio,[41] quase que alegremente.

14.3 É então que o hipnotizador, para fixar com mais segurança a sua própria atuação, exclama, em tom grave e calmo:

–"Não receie. Segundo o nosso desejo, passará você, em breves instantes, pela mesma transfiguração mental a que se entrega cada noite, transitando da vida ativa para o entorpecimento do sono, em que os seus ouvidos escutam sem qualquer esforço e no qual não se sente você disposto a voluntária movimentação. Durma, descanse. Repouse na certeza de que não terá consciência do que ocorra em torno de nós! Despertará você do presente estado, quando me aprouver, perfeitamente aliviado e fortalecido pela supressão do desequilíbrio orgânico."

O doente enlanguesce, satisfeito, acalentado pela sua própria onda mental de confiança, exteriorizada ao impacto do pensamento positivo que o controla, e o hipnotizador reafirma, tocando-lhe as pálpebras de leve:

"Durma tranquilamente. Tudo está bem. Acordará livre de todo o mal. Acalme-se e espere. Não sofrerá qualquer incômodo. Dentro de alguns minutos, chamá-lo-ei à vigília."

O doente dorme e o magnetizador retira-se por alguns minutos.

Mecanismo da hipnoterapia – Enquanto adormecido, a própria onda mental do paciente, em movimento renovador e guardando consigo as sugestões benéficas recebidas, atua sobre as células do veículo fisiopsicossomático, anulando, tanto quanto possível, as inibições funcionais existentes.

Como se observa, o agente positivo atua como fator desencadeante da recuperação, que passa a ser efetuada pelo próprio paciente, em todos os casos de hipnoterapia ou reflexoterapia.

---

[41] N.E.: De iniciativa própria.

O hipnotizador, depois de um quarto de hora, fá-lo novamente voltar à vigília, e o enfermo, desperto, acusa por vezes grandes melhoras.

14.4

Naturalmente, agradece ao benfeitor o socorro assimilado; contudo, o magnetizador agiu apenas como recurso de excitação e influência, porque as oscilações mentais em ação restaurativa dos tecidos celulares foram exteriorizadas pelo próprio consulente.

Objetos e reflexos específicos – No segundo dia do tratamento hipnótico, o paciente com mais facilidade se confiará à vontade orientadora que o dirige.

Bastar-lhe-á o reencontro com o hipnotizador para entrar no reflexo condicionado, pelo qual começa a automatizar o ato de arrojar de si mesmo as próprias forças mentais, impregnadas das imagens de saúde e coragem que ele mesmo recorporifica no pensamento, recordando os apelos recebidos na véspera.

E assim procede o enfermo, no mesmo regime de condicionamento, até que a contemplação de um simples objeto que lhe tenha sido presenteado pelo magnetizador, com o fim de ajudá-lo a liberar-se de qualquer crise, na linha de ocorrências da moléstia nervosa de que se haja curado, será o suficiente para que se entregue à hipnose de recuperação por sua própria conta.

Semelhante medida, que explica o suposto poder curativo de certas relíquias materiais ou dos chamados talismãs da magia, pode ser interpretada como reflexo condicionado específico, porquanto, sem a presença do hipnotizador, suscetível de imprimir novas modalidades à onda mental de que tratamos, o objeto aludido servirá — muito particularmente nesse caso — como reflexo determinado para o refazimento orgânico, em certo sentido.

Circuito magnético e circuito mediúnico – Se o paciente, depois de curado, prossegue submisso ao hipnotizador, sustentando-se entre ambos o intercâmbio seguro, dentro de algum tempo ambos se encontrarão em circuito mediúnico perfeito.

14.5   A onda mental do magnetizado, reeducada para a extirpação da moléstia anteriormente apresentada, terá atendido ao restabelecimento da região em desequilíbrio, mostrando-se, agora, sadia e harmônica para os serviços da troca, na hipótese do continuísmo de contato.

Voltando-se diariamente para o magnetizador que, a seu turno, diariamente a influencia, e devidamente ajustada ao cérebro em que se apoia, do ponto de vista da *resistência do campo*, passará a refletir a onda mental da vontade a que livremente se submete, absorvendo-lhe as inclinações e os desígnios.

Verificam-se aí os mais avançados processos de telementação, inclusive o desdobramento controlado, pelo qual o passivo, ausente do corpo físico, sob a indução preponderante do hipnotizador, apenas verá e ouvirá de acordo com a orientação particular a que se sujeita.

É o estado de permuta magnética aperfeiçoada em que o passivo, na hipnose ou na vigília, transmite com facilidade as determinações e propósitos do mentor, na esfera das suas possibilidades de expressão.

Automagnetização – Ainda há que apreciar uma ocorrência importante.

Se o hipnotizador não mais tem contato com o passivo e se o passivo prossegue interessado no progresso de suas conquistas espirituais, este consegue, à custa de esforço, por intermédio da profunda concentração das energias mentais, na lembrança dos fenômenos a que se consagrou junto ao magnetizador, cair em hipnose ou letargia, catalepsia ou sonambulismo — ainda pelo reflexo condicionado igualmente específico —, afastando-se do envoltório carnal, em plena consciência, para entrar em contato com entidades encarnadas ou desencarnadas de sua condição ou para provocar por si mesmo certa categoria de fenômenos físicos, mediante a aplicação de energia acumulada, com o que se explicam as ocorrências do faquirismo oriental, nas quais a própria vontade do operador, parcial ou integralmente separado do corpo somático, exerce determinada ação sobre as células físicas e extrafísicas, estabelecendo acontecimentos inabituais para o mundo rotineiro dos cinco sentidos.

15
Cargas elétricas e cargas mentais

15.1 *Experiência vulgar* – Para examinar as ocorrências do fenômeno mediúnico indiscriminado, referimo-nos, linhas antes,[42] ao fenômeno hipnótico de ordem popular, em que hipnotizadores e hipnotizados, sem qualquer recurso de sublimação do espírito, se entregam ao serviço de permuta dos agentes mentais.

Contudo, para gravar as linhas básicas de nosso estudo, recordemos a propagação indeterminada dos elétrons nas faixas da Natureza.

De semelhante propagação, qualquer pessoa pode retirar a prova evidente com vários objetos, como, por exemplo, com a experiência clássica da caneta-tinteiro que, friccionada com um pano de lã, nos deixa perceber que as bolhas de ar existentes entre as fibras do pano fornecem os elétrons livres a elas agregados,

---

[42] N.E.: Capítulo 13.

elétrons que se acumulam na caneta mencionada, por suas qualidades dielétricas ou isolantes.

Efetuada a operação, elementos leves, portadores de cargas elétricas positivas ou, mais exatamente, muito pobres de elétrons, como sejam pequeninos fragmentos de papel, serão atraídos pela caneta, então negativamente carregada.

Máquina eletrostática – Na máquina eletrostática ou indutora, utilizada nas experiências primárias de eletricidade, a ação se verifica semelhante à experiência da caneta-tinteiro.

Os discos de ebonite em atividade rotatória como que *esfarelam* as bolhas de ar guardadas entre eles, comprimindo os elétrons que a elas se encontram frouxamente aderidos.

Com o auxílio de escovas, esses elétrons se encaminham às esferas metálicas, onde se aglomeram até que a carga se faça suficientemente elevada para que seja extraída em forma de centelha.

Nas camadas atmosféricas – As correntes de elétrons livres estão em toda a parte.

Nos dias estivais, os conjuntos de átomos ou moléculas de água sobem às camadas atmosféricas mais altas, com o ar aquecido.

Nas zonas de altitude fria, aglutinam-se formando gotas que, em seguida, tombam na direção do solo, em razão de seu peso.

Todavia, as gotas que vertem de cima, sem chegarem ao chão, por se evaporarem na viagem de retorno, são surpreendidas em caminho pelas correntes de ar aquecido em ascensão e, atritando os elementos nesse encontro, o ar quente, na subida, extrai das moléculas de água os elétrons livres que a elas se encontram fracamente aderidos, arrastando-os em turbilhões para a altura, acumulando-os nas nuvens, que se tornam então eletricamente carregadas.

Quando as correntes eletrônicas aí agregadas tiverem atingido certo valor, assemelham-se as nuvens a máquinas indutoras, em que a tensão se eleva a milhões de volts, das quais os elétrons

15.2

em massa, na forma de relâmpagos, saltam para outras nuvens ou para a terra, provocando descargas que, às vezes, tomam a feição de faíscas elétricas, em meio de aguaceiros e trovoadas.

15.3 Em identidade de circunstâncias, quando o planeta terrestre se encontra na direção de explosões eletrônicas partidas do Sol, cargas imensas de elétrons perturbam o *campo terrestre*, responsabilizando-se pelas tempestades magnéticas que afetam todos os processos vitais do globo — a existência humana inclusive, porquanto costumam desarticular as válvulas microscópicas do cérebro humano, impondo-lhes alterações nocivas, tanto quanto desequilibram as válvulas dos aparelhos radiofônicos, prejudicando-lhes as transmissões.

Correntes de elétrons mentais – Dentro de certa analogia, temos também as correntes de elétrons mentais, por toda a parte, formando cargas que aderem ao campo magnético dos indivíduos, ou que vagueiam, entre eles, à maneira de campos elétricos que acabam atraídos por aqueles que, excessivamente carregados, se lhes afeiçoem à natureza.

Recorrendo à imagem da caneta-tinteiro em atrito com o pano de lã, e da máquina eletrostática, em que os elétrons se condicionam para a produção de centelhas, lembraremos que toda compressão de agentes mentais, por meio da atenção, gera em nossa alma estados indutivos pelos quais atraímos cargas de pensamentos em sintonia com os nossos.

A leitura de certa página, a consulta a esse ou àquele livro, determinada conversação ou o interesse voltado para esse ou aquele assunto nos colocam em correlação espontânea com as Inteligências encarnadas ou desencarnadas que com eles se harmonizem, por intermédio das cargas mentais que acumulamos e emitimos, na forma de quadros ou centelhas em série, com que aliciamos para o nosso convívio mental os que se entregam a ideações análogas às nossas.

15.4 Não nos propomos afirmar que o fenômeno da caneta--tinteiro ou do aparelho eletrostático seja igual à ocorrência da indução mental no cérebro.

Assinalamos apenas a analogia de superfície, para salientar a importância dos nossos pensamentos concentrados em certo sentido, porque é pela projeção de nossas ideias que nos vinculamos às Inteligências inferiores ou superiores de nosso caminho.

E para estampar, com mais segurança, a nossa necessidade de equilíbrio perante a vida, recordemos que à maneira das correntes incessantes de força que sustentam a Natureza terrestre, também o pensamento circula ininterrupto, no campo magnético de cada Espírito, extravasando-se para além dele, com as essências características a cada um.

Queira ou não, cada alma possui no próprio pensamento a fonte inestancável das próprias energias.

Correntes vivas fluem do íntimo de cada Inteligência, a se lhe projetarem no "halo energético", estruturando-lhe a aura ou fotosfera psíquica, à base de cargas magnéticas constantes, conforme a natureza que lhes é peculiar, de certa forma semelhantes às correntes de força que partem da massa planetária, compondo a atmosfera que a envolve.

Correntes mentais construtivas – Assim como a Natureza encontra, na distribuição harmoniosa das próprias energias, o caminho justo para o próprio equilíbrio, sustentando-se em movimento contínuo, o Espírito identifica, no trabalho ordenado com segurança, a trilha indispensável para o seu clima ideal de euforia.

Quanto mais enobrecida a consciência, mais se lhe configurará a riqueza de imaginação e poder mental, surgindo, portanto, mais complexo o cabedal de suas cargas magnéticas ou correntes mentais, a vibrarem ao redor de si mesmo e a exigirem mais ampla cota de atividade construtiva no serviço em que se lhe plasmem vocação e aptidão.

15.5　　　Seja no esforço intelectual em elevado labor, na criação artística, nas obras de benemerência ou de educação, seja nas dedicações domésticas, nas tarefas sociais, nas profissões diversas, nas administrações públicas ou particulares, nos empreendimentos do comércio ou da indústria, no amanho da terra, no trato dos animais, nos desportos e em todos os departamentos de ação, o Espírito é chamado a servir bem, isto é, a servir no benefício de todos, sob pena de conturbar a circulação das próprias energias mentais, agravando os estados de tensão.

Correntes mentais destrutivas – Os referidos estados de tensão, devidos a "núcleos de força na psicosfera pessoal", procedem, quase sempre, à feição das nuvens pacíficas repentinamente transformadas pelas cargas anormais de elétrons livres em máquinas indutoras, atraindo os campos elétricos com que se fazem instrumentos da tempestade.

Acumulando em si mesma as forças autogeradas em processos de profundo desequilíbrio, a alma exterioriza forças mentais desajustadas e destrutivas, pelas quais atrai as forças do mesmo teor, caindo frequentemente em cegueira obsessiva, da qual muitas vezes se afasta, desorientada, pela porta indesejável do remorso, após converter-se em intérprete de inqualificáveis delitos.

Noutras circunstâncias, considerando-se que o processo da obliteração mental, ou "acumulação desordenada das nuvens de tensão no campo da aura", se caracteriza por imensa gradação, se as criaturas conscientes não se dispõem à distribuição natural das próprias cargas magnéticas, em trabalho digno, estabelecem para si a degenerescência das energias.

Nessa posição, emitem ondas mentais perturbadas, pelas quais se ajustam a Inteligências perturbadas do mesmo sentido, arrojando-se a lamentáveis estações de aviltamento, em ocorrências deploráveis de obsessão, nas quais as mentes desvairadas ou caídas em monoideísmo vicioso se refletem mutuamente.

15.6 E chegadas a semelhantes conturbações, seja no arrastamento da paixão ou na sombra do vício, sofrem a aproximação de correntes mentais arrasadoras, oriundas dos seres empenhados à crueldade, por ignorância — encarnados ou desencarnados —, que, vampirizando-lhes a existência, lhes impõem disfunções e enfermidades de variados matizes, segundo os pontos vulneráveis que apresentem, criando no mundo vastas províncias de alienação e de sofrimento.

16
Fenômeno magnético da vida humana

16.1 *Hipnose de palco e hipnose natural* – Analisando a ocorrência mediúnica, na base do reflexo condicionado, assinalemos mais alguns aspectos de semelhante estudo, na esfera do cotidiano.

Assistindo ao fenômeno hipnótico indiscriminado nas demonstrações públicas, presenciamos alguém senhoreando o psiquismo de diversas pessoas, por alguns minutos, mas, na experiência diária, vemos o mesmo fenômeno em nossas relações uns com os outros.

Na exibição popular, o magnetizador pratica a hipnose que se hierarquiza por muitos graus de passividade nos hipnotizados.

Na vida comum, todos praticamos espontaneamente a sugestão, em que a obediência maquinal se gradua, em cada um de nós, através de vários graus de rendição à influência alheia.

Tal situação começa no berço.

Centro indutor do lar – O lar é o mais vigoroso centro de indução que conhecemos na Terra.

À maneira de alguém que recebe esse ou aquele tipo de educação em estado de sonolência, o Espírito reencarnado, no período infantil, recolhe dos pais os mapas de inclinação e conduta que lhe nortearão a existência, em processo análogo ao da escola primária, pelo qual a criança é impelida a contemplar ou mentalizar certos quadros, para refleti-los no desenvolvimento natural da instrução.

As almas valorosas, dotadas de mais alto padrão moral, segundo as aquisições já feitas em numerosas reencarnações de trabalho e sacrifício, constituem exceções no ambiente doméstico, por se sobreporem a ele, exteriorizando a vontade mais enérgica de que se fazem mensageiras.

Contudo, por via de regra, a maioria esmagadora de Inteligências encarnadas retrata psicologicamente aqueles que lhes deram o veículo físico, transformando-se, por algum tempo, em instrumentos ou médiuns dos genitores, em face do ajustamento das ondas mentais que lhes são próprias, em circuitos conjugados, pelos quais permutam entre si os agentes mentais de que se nutrem.

Somente depois que experiências mais fortes lhes renovam a feição interior, costumam os filhos alterar de maneira mais ampla os moldes mentais recebidos.

Outros centros indutores – Em todos os planos determina a Providência do Criador seja a criatura amparada com segurança.

Cada consciência que renasce no campo físico traz consigo as ligações do agrupamento espiritual a que se filia, demonstrando as afinidades profundas de que a onda mental dá notícia no fluxo revelador com que se apresenta.

Se os pais guardam sintonia com as forças a que se lhes jungem fluidicamente os filhos, a vida prossegue harmoniosa, como que sobre rodas nas quais as crenas[43] se mostram perfeitamente engrenadas.

---

[43] N.E.: Intervalos entre os dentes de uma roda.

6.3   Entretanto, se há divergência, passada a primeira infância, começam atritos e desencontros, em face das interferências inevitáveis, com perturbações dos circuitos em andamento.

Surgem as incompatibilidades e disparidades que a genética não consegue explicar.

Enredados à influência de companheiros que permanecem fora do vaso fisiológico, os filhos, nessas circunstâncias, evidenciam tendências inquietantes, sem que os genitores consigam reivindicar a autoridade de que se revestem.

Todavia, a escola edificante espera-os, nas linhas da civilização, para restaurar-lhes, desde cedo, as noções de ordem superior diante da vida, exalçando os conceitos de elevação moral, imprescindíveis ao aprimoramento da alma.

Transfiguram-se, então, os mestres comuns em orientadores dos aprendizes que, se atentos ao ensino, se fazem médiuns temporários das mentes que os instruem, pelo mesmo fenômeno de harmonização das ondas mentais, porquanto o professor, ensinando, torna mais lentas as oscilações que despede, enquanto os alunos, aprendendo, fazem mais curtas as oscilações que lhes são peculiares, verificando-se o necessário ajuste de nível para que a permuta dos agentes espirituais se faça com segurança.

Os discípulos que fogem deliberadamente ao dever da atenção, relaxando os compromissos que abraçam, permanecem ausentes do benefício, ligados a circuitos outros que lhes retardam a marcha na direção da cultura, por desertarem dos exercícios que lhes favoreceriam mais dilatada iluminação íntima.

E, além da escola, surgem, para os rebentos do lar terrestre, as obrigações do trabalho profissional em que a personalidade segue no encalço da vocação ou soma de experiência que já conquistou na vida.

Cada oficina de ação construtiva, seja qual for a linha de serviço em que se expresse, é novo educandário para a criatura em lide no campo humano, em que a chefia, a escalonar-se por meio de condutores diversos, convoca os cooperadores, nos vários círculos da subalternidade, ao esforço de melhoria e sublimação.

Ainda aqui, vemos, por intermédio da mesma ocorrência de harmonização mental, os que orientam, erguidos à condição de Espíritos protetores, e os que obedecem, transformados em instrumentos para determinadas realizações.

Todos somos médiuns – Nos centros de atividade referidos em nosso estudo, encontramos o reflexo condicionado e a sugestão como ingredientes indispensáveis na obra de educação e aprimoramento.

Urge reconhecer que a liberdade é tanto maior para a alma quanto maior a parcela de conhecimento que se lhe debite no livro da existência.

Por isso mesmo, quanto mais cresça em possibilidades, nesse ou naquele sentido, mais se lhe desdobram caminhos à visão, constrangendo-a a vigiar sobre a própria escolha.

Mais extensa mordomia, responsabilidade mais extensa.

Isso acontece porque, com a intensificação de nossa influência, nesse ou naquele campo de interesses, mais persistentes se fazem os apelos em torno, para que não nos esqueçamos do dever primordial a cumprir.

Quem avança está invariavelmente entre a vanguarda e a retaguarda. E a romagem para Deus é uma viagem de ascensão.

Toda subida, quanto qualquer burilamento, pede suor e disciplina.

Todo estacionamento é repouso enquistante.[44]

Somos todos, assim, médiuns, a cada passo refletores das forças que assimilamos, por força de nossa vontade, na focalização da energia mental.

---

[44] N.E.: Enquistar – introduzir, incrustar.

6.5 *Perseverança no bem* – É imprescindível recordar o impositivo da perseverança no bem.

O comprazimento nessa ou naquela espécie de atitude ou companhia, leitura ou conversação menos edificantes, estabelece em nós o reflexo condicionado pelo qual inconscientemente nos voltamos para as correntes invisíveis que representam.

É desse modo que formamos hábitos indesejáveis pelos quais nos fazemos pasto de entidades vampirizantes, acabando na feição de arcabouços vivos para moléstias fantasmas.

Pensando ou conversando constantemente sobre agentes enfermiços, quais sejam a acusação indébita e a crítica destrutiva, o deboche e a crueldade, incorporamos, de imediato, a influência das criaturas encarnadas e desencarnadas que os alimentam, porque o ato de voltar a semelhantes temas, contrários aos princípios que ajudam a vida e a regeneram, se transforma em reflexo condicionado de caráter doentio, automatizando-nos a capacidade de transmitir tais agentes mórbidos, responsáveis por largo acervo de enfermidade e desequilíbrio.

Gradação das obsessões – Muitas vezes, em nossos estados de tensão deliberada, inclinamo-nos para forças violentas que se nos insinuam no halo psíquico, aí criando fermentações infelizes que resultam em atitudes de cólera arrasadora, pelas quais, desprevenidamente, nos transformamos, na vida, em médiuns de ações delituosas, arrastados nos fenômenos de associação dos agentes mento-eletromagnéticos da mesma natureza, semelhantes aos que caracterizam as explosões de recursos químicos, nas conhecidas reações em cadeia.

É assim que somos, por vezes, loucos temporários, grandes obsidiados de alguns minutos, alienados mentais em marcadas circunstâncias de lugar ou de tempo, ou ainda doentes do raciocínio em crises periódicas, médiuns lastimáveis da desarmonia, pela nossa permanência longa em reflexos condicionados viciosos, adquirindo compromissos de grave teor nos atos menos felizes que praticamos, semi-inconscientemente, sugestionados uns pelos outros, porquanto, perante a Lei, a nossa vontade é responsável em todos os nossos problemas de sintonia.

17
Efeitos físicos

17.1 *Simbioses espirituais* – Compreendendo-se que toda criatura se movimenta no seio das emanações que lhe são peculiares, intuitivamente perceberemos os processos simbióticos, dentro dos quais se efetua a influenciação das Inteligências desencarnadas que tomam alguém para instrumento de suas manifestações.

Muitas vezes, essa ou aquela individualidade, ao reencarnar, traz nos próprios passos a companhia invisível dessa ou daquela entidade com a qual se mostre mais intensamente associada em tarefas e dívidas diferentes.

Harmonizadas na mesma onda mental, é possível sentir-lhes a integração, qual se fossem hipnotizador e hipnotizado, em processo de ajustamento.

Se a personalidade encarnada acusa possibilidades de larga desarticulação das próprias forças anímicas, encontramos aí a mediunidade de efeitos físicos, suscetível de exteriorizar-se em graus diversos.

Eis por que comumente somos defrontados na Terra por jovens mal saídos da primeira infância, servindo de medianeiros a desencarnados menos esclarecidos que com eles se afinam, na produção dos fenômenos físicos de espécie inferior, como sejam batidas, sinais, deslocamentos e vozes de feição espetacular.

17.2 É certo que semelhantes evidências do plano extrafísico se devam, de modo geral, a entidades de pouca evolução, porquanto, imanizadas aos médiuns naturais a que se condicionam, entremostram-se entre os homens, à maneira de caprichosas crianças, em afetos e desafetos desgovernados, bastando, às vezes, simples intervenção de alguma autoridade moral, por meio da exortação ou da prece, para que as perturbações em andamento cessem de imediato.

Tal eclosão de recursos medianímicos, capaz de ocorrer em qualquer idade da constituição fisiológica, independe de quaisquer fatores de cultura da inteligência ou de aprimoramento da alma, por filiar-se a fatores positivamente mecânicos, tal qual ocorre nas demonstrações públicas de agilidade ou de força em que um ginasta qualquer, com treinamento adequado, apresenta variadas exibições.

Médium teleguiado – Imaginemos que persista na individualidade encarnada a fácil desassociação das forças anímicas. Nesse caso, temo-la habilitada ao fornecimento do ectoplasma ou plasma exteriorizado de que se valem as Inteligências desencarnadas para a produção dos fenômenos físicos que lhes denota a sobrevivência.

Chegada a esse ponto, se a criatura deseja cooperar na obra do esclarecimento humano, recebe do Plano Espiritual um guarda vigilante — mais comumente chamado "guia", segundo a apreciação terrestre —, guarda esse, porém, que, diante da esfera extrafísica, tem as funções de um zelador ou de um mordomo responsável pelas energias do medianeiro, sempre de posição evolutiva semelhante.

Ambos passam a formar um circuito de forças, sob as vistas de instrutores da vida maior, que os mobilizam a serviço da beneficência e da educação, em muitas circunstâncias com pleno desdobramento do corpo espiritual do médium, que passa a agir à feição de uma Inteligência teleguiada.

17.3 Daí nasce a possibilidade da constituição dos círculos de estudo das ocorrências de materialização, com os fenômenos de telecinesia, a começarem nos *raps* e a culminarem na ectoplasmia visível.

Dificuldades do intercâmbio – Não podemos esquecer que o campo de oscilações mentais do médium — envoltório natural e irremovível que lhe pulsa do espírito — é o filtro de todas as operações nos fenômenos físicos.

Incorporam-se-lhe ao dinamismo psíquico os contingentes ectoplásmicos dos assistentes, aliados a recursos outros da Natureza, mas, ainda aí, os elementos essenciais pertencem ao médium que, consciente ou inconscientemente, pode interferir nas manifestações.

A exteriorização dos princípios anímicos nada tem a ver, em absoluto, com o aperfeiçoamento moral.

Cumpre destacar, assim, as dificuldades para a manutenção de largo intercâmbio, dilatado e seguro, nesse terreno.

Basta leve modificação de propósito na personalidade medianímica, seja em matéria de interesse econômico ou de conduta afetiva, para que se lhe alterem os raios mentais. Verificada semelhante metamorfose, esboçam-se-lhe, na aura ou fulcro energético, formas-pensamento, por vezes em completo desacordo com o programa traçado no plano superior, ao mesmo tempo que perigos consideráveis assomam na esfera do serviço a fazer, uma vez que a transformação das ondas mediúnicas imprime novo rumo à força exteriorizada, que, desse modo, em certas ocasiões, pode ser manuseada por entidades desencarnadas, positivamente inferiores, famintas de sensações do campo físico.

Em tais sucessos, perturbações variadas podem ocorrer, desencorajando experiências magnificamente encetadas.

Médium e assistentes – Todavia, é imperioso observar que 17.4 não somente o fulcro mental do médium intervém nas atividades em grupo.

Cada assistente aí comparece com as oscilações que lhe são peculiares, tangenciando a esfera mediúnica em ação, e, se os pensamentos com que interfere nesse campo diferem dos objetivos traçados, com facilidade se erige, igualmente, em fator alternante, por insinuar-se, de modo indesejável, nos agentes de composição da obra esperada, impondo desequilíbrio ao conjunto, qual acontece ao instrumento desafinado numa orquestra comum.

Disso decorrem os embaraços graves para o continuísmo eficiente dos agrupamentos que se formam, na Terra, para as chamadas tarefas de materialização.

Se as entidades espirituais sensatas e nobres estão dependentes da faixa de ondas mentais do médium para a condução correta das forças ectoplasmáticas dele exteriorizadas, o médium depende também da influência elevada dos circunstantes para sustentar-se na harmonia ideal.

É por isso que, se o medianeiro tem o espírito parcialmente desviado da meta a ser atingida, sem dificuldade se rende, invigilante, às solicitações dos acompanhantes encarnados, quase sempre imperfeitamente habilitados para os cometimentos em vista, surgindo, então, as fraudes inconscientes, ao lado de perturbações outras de que se queixam, aliás inconsideradamente, os metapsiquistas, pois lidando com agentes mentais, longe ainda de serem classificados e catalogados em sua natureza, não podem aguardar equações imediatas como se lidassem com simples números.

Lei do campo mental – Lamentam-se amargamente os metapsiquistas de que a maioria dos fenômenos mediúnicos se encontram eivados de obscuridades e extravagâncias, e de que, por isso mesmo, a doutrina da sobrevivência, para eles, se mostra repleta de impossibilidades.

17.5   Estabelecem exigências e, depois de atendidos, acusam a instrumentação medianímica de criar personalidades imaginárias; exageram a função dos chamados poderes inconscientes da vida mental, estranhando que a força psíquica, como recurso mediador entre encarnados e desencarnados, não procede na balança da observação humana à maneira, por exemplo, das combinações do cloro com o hidrogênio.

Com referência ao assunto, é imperioso salientar que se desconhece ainda, no mundo, a lei do campo mental, que rege a moradia energética do Espírito, segundo a qual a criatura consciente, seja onde for no Universo, apenas assimilará as influências a que se afeiçoe.

Cada mente é como se fora um mundo de per si, respirando nas ondas criativas que despede — ou na psicosfera em que gravita para esse ou aquele objetivo sentimental, conforme os próprios desejos —, sem o que a Lei de Responsabilidade não subsistiria.

Um médium, ainda mesmo nas mais altas situações de amnésia cerebral, do ponto de vista fisiológico, não está inconsciente de todo, na faixa da realidade espiritual, e agirá sempre, nunca à feição de um autômato perfeito, mas na posição de uma consciência limitada às possibilidades próprias e às disposições da própria vontade.

Futuro dos fenômenos físicos – No entanto, devemos declarar que conhecemos, em vários países, alguns círculos de ação espiritual nos quais a sinergia das oscilações mentais entre médiuns, assistentes e entidades desencarnadas se ergue a níveis convenientes, facultando acontecimentos de profunda significação, nas províncias do espírito, não obstante, até certo ponto, servirem apenas como índice de poder mental ou de simples informações sem maior proveito para a Humanidade, tal o mecanismo compreensivelmente fechado em que se encerram.

A ciência humana, porém, caminha na direção do porvir.

17.6 A nós, os Espíritos desencarnados, interessa, no plano extrafísico, mais ampla sublimação, para que façamos ajustamento de determinados princípios mentais, com respeito à execução de tarefas específicas.

E aos encarnados interessa a existência em plano moral mais alto para que definam, com exatidão e propriedade, a substância ectoplasmática, analisando-lhe os componentes e protegendo-lhe as manifestações, de modo a oferecerem às Inteligências superiores mais seguros cabedais de trabalho, equacionando-se, com os homens e para os homens, a prova inconteste da imortalidade.

18
Efeitos intelectuais

18.1 *Nas ocorrências cotidianas* – No estudo da mediunidade de efeitos intelectuais, podemos invocar as ocorrências cotidianas para ilustrar a nossa conceituação de maneira simples.

Basta examinar o hábito, como cristalização do reflexo condicionado específico, para encontrá-la, a cada instante, nos próprios encarnados entre si.

Tomemos o homem moderno buscando o jornal da manhã, e vê-lo-emos procurando o setor do noticiário com que mais sintonize.

Se os negócios materiais lhe definem o campo de interesses imediatos, assimilará, automaticamente, todos os assuntos comerciais, emitindo oscilações condicionadas aos pregões e avisos divulgados.

Formará, então, largos raciocínios sobre o melhor modo de amealhar os lucros possíveis, e, se o cometimento demanda a cooperação de alguém, buscá-lo-á, incontinente, na pessoa de um parente ou afeiçoado que lhe partilhe as visões da vida.

O sócio potencial de aventura ouvir-lhe-á as alegações **18.2** e, mecanicamente, absorver-lhe-á os pensamentos, passando a incorporá-los na onda que lhe seja própria, mentalizando os problemas e realizações previstos, em termos análogos.

Cada um de per si falará na ação em perspectiva, com impulsos e resoluções individuais, embora a ideia fundamental lhes seja comum.

Pelo reflexo condicionado específico, haurido por meio da imprensa, ambos produzirão raios mentais, subordinados ao tema em foco, comunicando-se intimamente um com o outro e partindo no encalço do objetivo.

Suponhamos, porém, que o leitor se decida pelos fatos policiais.

Avidamente procurará os sucessos mais lamentáveis e, finda a voluptuosa seleção dos crimes ou desastres apresentados, escolherá o mais impressionante aos próprios olhos, para nele concentrar a atenção.

Feito isso, começará exteriorizando na onda mental característica os quadros terrificantes que lhe nascem do cérebro, plasmando a sua própria versão ao redor dos fatos ocorridos.

Nesse estado de ânimo, atrairá companhias simpáticas que, escutando-lhe as conjeturas, passarão a cunhar pensamentos da mesma natureza, associando-se-lhe à maneira íntima de ver, não obstante cada um se mostre em campo pessoal de interpretação.

Daí a instantes, se as formas-pensamento fossem visíveis ao olhar humano, os comentaristas contemplariam no próprio agrupamento o fluxo tóxico de imagens deploráveis, em torno da tragédia, a lhes nascerem da mente no regime das reações em cadeia, espraiando-se no rumo de outras mentes interessadas no acontecimento infeliz.

E, por vezes, semelhantes conjugações de ondas desequilibradas culminam em grandes crimes públicos, nos quais Espíritos encarnados, em desvario, pelas ideias doentes que permutam entre si, se antecipam às manifestações da justiça humana, efetuando atos de extrema ferocidade, em canibalismo franco, atacados de loucura coletiva, para, mais tarde, responderem às silenciosas arguições da Lei Divina, cada qual na medida da colaboração própria, no que se refere à extensão do mal.

18.3 *Mediunidade ignorada* – Na pauta do reflexo condicionado específico, surpreendemos também vícios diversos, tão vulgares na vida social, como sejam a maledicência, a crítica sistemática, os abusos da alimentação e os exageros do sexo.

Esse ou aquele Espírito encarnado, sob o disfarce de um título honroso qualquer, lança o motivo inconveniente numa reunião ou conversação, e quantos lhe aderem ao mote passam a lançar oscilações mentais no plano menos digno que lhes diga respeito, plasmando formas-pensamento estranhas, entre as quais permanece o conjunto em comunhão temporária, do qual cada um se retira experimentando excitação de natureza inferior, à caça de presa para os apetites que manifeste.

Como é fácil reconhecer, cada qual foi apenas influenciado de acordo com as suas inclinações, mas debita a si próprio os erros que venha a perpetrar, conforme a onda mental que deitou de si mesmo.

Tais notas ajudam a compreender os mecanismos da mediunidade de efeitos intelectuais, em que encarnados e desencarnados se associam nas manifestações da chamada metapsíquica subjetiva.

Qual se observa nos efeitos físicos, a eclosão da força psíquica nos efeitos intelectuais pode surgir em qualquer idade fisiológica, verificando-se, muita vez, a simbiose entre a entidade desencarnada e a entidade encarnada desde o renascimento dessa última, pela ocorrência da conjugação de ondas.

Em todos os continentes, podemos encontrar milhões de pessoas em tarefas dignas ou menos dignas — mais destacadamente os expositores e artistas da palavra, na tribuna e na pena, como veículos mais constantemente acessíveis ao pensamento — senhoreadas por Espíritos desenfaixados do liame físico, atendendo a determinadas obras ou influenciando pessoas para fins superiores ou inferiores, em largos processos de mediunidade ignorada, fatos esses vulgares em todas as épocas da Humanidade.

Mediunidade disciplinada – Imaginemos que certa personalidade se disponha a disciplinar as energias medianímicas, segundo os moldes morais da Doutrina Espírita, cujos postulados se destinam a solucionar, tão simplesmente quanto possível, todos os problemas do destino e do ser. **18.4**

Admitida ao círculo da atividade espiritual, recolherá na oração o reflexo condicionado específico para exteriorizar as oscilações mentais próprias, no rumo da entidade desencarnada que mais de perto lhe comungue as ideações.

Decerto que, nos serviços de intercâmbio, experimentará largo período de vacilações e dúvidas, porquanto, morando no centro das próprias emanações e recolhendo a influenciação do Plano Espiritual — com que, muitas vezes, já se encontra inconscientemente automatizada —, a princípio supõe que as ondas mentais alheias incorporadas ao campo de seu Espírito não sejam mais que pensamentos arrojados do próprio cérebro.

Ilhado no fulcro da consciência, de acordo com a lei do campo mental que especifica obrigações para cada ser guindado à luz da razão, habitualmente se tortura o medianeiro, perguntando, imponderado, se não deve interromper o chamado "desenvolvimento mediúnico", já que não consegue, de imediato, discernir as ideias que lhe pertencem das ideias que pertencem a outrem, sem aperceber-se de que ele próprio é um Espírito responsável, com o dever de resguardar a própria vida mental e de enriquecê-la com valores mais elevados pela aquisição de virtude e conhecimento.

18.5 *Passividade mediúnica* – Se o médium consegue transpor, valoroso, a faixa de hesitações pueris, entendendo que importa, acima de tudo, o bem a fazer, procura ofertar a reta conduta, no reflexo condicionado específico da prece, à Espiritualidade superior, e passa, então, a ser objeto da confiança dos benfeitores desencarnados que lhe aproveitam as capacidades no amparo aos semelhantes, dentro do qual assimila o amparo a si mesmo.

Quanto mais se lhe acentuem o aperfeiçoamento e a abnegação, a cultura e o desinteresse, mais se lhe sutilizam os pensamentos, e, com isso, mais se lhe aguçam as percepções mediúnicas, que se elevam a maior demonstração de serviço, de acordo com as suas disposições individuais.

Com base no magnetismo enobrecido, os instrutores desencarnados influenciam os mecanismos do cérebro para a formação de certos fenômenos, como acontece aos musicistas que tangem as cordas do piano na produção da melodia. E assim como as ondas sonoras se associam na música, as ondas mentais se conjugam na expressão.

Se o instrumento oferece maleabilidade mais avançada, mais intensamente específico aparece o toque do artista.

Nessa base, identificamos a psicografia, desde a estritamente mecânica até a intuitiva, a incorporação em graus diversos de consciência, as inspirações e premonições.

Conjugação de ondas – Vemos que a conjugação de ondas mentais surge, presente, em todos os fatos mediúnicos.

Atenta ao reflexo condicionado da prece, nas reuniões doutrinárias ou nas experiências psíquicas, a mente do médium passa a emitir as oscilações que lhe são próprias, às quais se entrosam aquelas da entidade comunicante, com vistas a certos fins.

É natural, dessa forma, que as dificuldades da filtragem mediúnica se façam, às vezes, extremamente preponderantes, porquanto, se não há riqueza de material interpretativo no fulcro receptor, as mais vivas fulgurações angélicas passarão despercebidas para quem as procura, com sede da luz do Além.

18.6 Cabe-nos reconhecer que excetuados os casos especiais, em que o medianeiro e a entidade espiritual se completam de modo perfeito, na maioria das circunstâncias, apesar da integração mental profunda entre um e outro, quase toda a exteriorização fisiológica no intercâmbio pertence ao médium, cujos traços característicos, via de regra, assinalarão as manifestações até que a força psíquica da Humanidade se mostre mais intrinsecamente aperfeiçoada, para mais aprimorada evidência do plano superior.

Clarividência e clariaudiência – Idêntico mecanismo preside os fenômenos da clarividência e da clariaudiência, porquanto, pela associação avançada dos raios mentais entre a entidade e o médium dotado de mais amplas percepções visuais e auditivas, a visão e a audição se fazem diretas, do recinto exterior para o campo íntimo, graduando-se, contudo, em expressões variadas.

Escasseando os recursos ultrassensoriais, surgem nos médiuns dessa categoria a vidência e a audição internas, mais entranhadamente radicadas na conjugação de ondas.

Atuando sobre os raios mentais do medianeiro, o desencarnado transmite-lhe quadros e imagens, valendo-se dos centros autônomos da visão profunda, localizados no diencéfalo, ou lhe comunica vozes e sons, utilizando-se da cóclea, tanto mais perfeitamente quanto mais intensamente se verifique a complementação vibratória nos quadros de frequência das ondas, ocorrências essas nas quais se afigura ao médium possuir um espelho na intimidade dos olhos ou uma caixa acústica na profundez dos ouvidos.

19
Ideoplastia

19.1 *No sono provocado* – Para maior compreensão de qualquer fenômeno da transmissão mediúnica, não nos será lícito esquecer a ideoplastia, pela qual o pensamento pode materializar-se, criando formas que muitas vezes se revestem de longa duração, conforme a persistência da onda em que se expressam.

Entendendo-se que os poderes mentais são inerentes tanto às criaturas desencarnadas quanto às encarnadas, é natural que os elementos plásticos e organizadores da ideia se exteriorizem dos médiuns, como também dos companheiros que lhes comungam tarefas e experiências, estabelecendo-se problemas espontâneos, cuja solução reclama discernimento.

Para clarear o assunto, recordemos o circuito de forças existente entre magnetizador e magnetizado, no sono provocado.

Se o primeiro sugere ao segundo a existência de determinada imagem, em certo local, de imediato a mente do *sujet*, governada pelo toque positivo que a orienta, concentrará os próprios raios mentais no ponto indicado, aí plasmando o quadro sugerido, segundo o princípio da reflexão, pelo qual, como no cinematógrafo, a projeção de cenas repetidas mantém a estabilidade transitória da imagem, com o movimento e som respectivos.

O hipnotizado contemplará, então, o desenho estabelecido, nas menores particularidades de tessitura, e se o hipnotizador, sem preveni-lo, lhe coloca um espelho à frente, o sensitivo para logo demonstra insopitável assombro, ao fitar a gravura em dupla exibição, porquanto a imagem refletida parecer-lhe-á tão real quanto a outra. **19.2**

Emprega-se comumente a palavra "alucinação" para designar tal fenômeno; contudo, a definição não é praticamente segura, uma vez que na ocorrência não entra em jogo o devaneio ou a ilusão.

Qual acontece nos espetáculos da televisão, em que a cena transmitida é essencialmente real, por meio da conjugação de ondas, o quadro entretecido pela mente do magnetizado, ao influxo do magnetizador, é fundamentalmente verdadeiro, segundo análogo princípio, porque, fazendo convergir, em certa região, as oscilações do próprio Espírito, o hipnotizado cria a gravura sugerida, imprimindo-lhe vitalidade correspondente, à força da percussão sutil, pela qual a tela se estrutura.

O acontecimento, corriqueiro aliás, dá noções exatas da ideoplastia em todas as atividades mediúnicas comandadas por investigadores em que a exigência alcança as raias da presunção.

Multiplicando instâncias, além da fiscalização compreensível e justa, não se precatam de que se transformam em hipnotizadores incômodos, em vez de estudiosos equilibrados, interferindo no circuito de energias mantido entre o benfeitor desencarnado e o servidor encarnado, obstando, assim, a realização de programas do plano superior com vistas à identificação e revelação da Espiritualidade maior.

Nos fenômenos físicos – Nas sessões de efeitos físicos, ante as energias ectoplasmáticas exteriorizadas no curso das tarefas em vias de efetivação pelo instrutor espiritual, se o experimentador humano formula essa ou aquela reclamação, eis que a mente mediúnica, qual ocorre ao *sujet* na hipnose artificial, se deixa empolgar pela ordem recebida, emitindo a própria onda mental não mais no sentido de atender ao amigo desencarnado que dirige a ação em foco, mas sim para satisfazer ao pesquisador no campo físico.

19.3 Daí porque, apreendendo, com mais segurança, as necessidades do médium e respeitando-as com o elevado critério de quem percebe a complexidade do serviço em desenvolvimento, as entidades indulgentes e sábias se retraem na experiência, mantendo-se em guarda para proteger o conjunto, à maneira de professores que, dentro das suas possibilidades, se colocam na posição de sentinelas quando os alunos abandonam os objetivos enobrecedores da lição, a pervagarem no terreno de caprichos inconsequentes.

Interferências ideoplásticas – Mentalizemos o orientador desencarnado, numa sessão de ectoplasmia regularmente controlada, quando esteja constituindo a forma de um braço com os recursos exteriorizados do médium, a planejar maior desdobramento do trabalho em curso. Se, no mesmo instante, o experimentador terrestre, tocando a forma tangível, solicita, por exemplo, "uma pulseira, quero uma pulseira no braço", de imediato a mente do médium recolhe o impacto da determinação e, em vez de prosseguir sob o controle benevolente do operador desencarnado, passa a obedecer ao investigador humano, centralizando, de modo inconveniente, a própria onda mental induzida sobre o braço já parcialmente materializado, aí plasmando a pulseira, nas condições reclamadas.

Surgida a interferência, o serviço da esfera espiritual sofre enorme dificuldade de ação, diminuindo-se o proveito da assembleia encarnada.

E, na mesma pauta, requerimentos fúteis e pedidos desordenados dos circunstantes provocam ocorrências ideoplásticas de manifesta incongruência, baixando o teor das manifestações, por viciarem a mente mediúnica, ligando-a à influência de agentes inferiores que, não raro, passam a atuar com manifesto desprestígio dos projetos de sublimação, a princípio acalentados pelo conjunto de pessoas irmanadas para o intercâmbio.

Mediunidade e responsabilidade – Decerto não invocamos o relaxamento para o governo das reuniões de ectoplasmia, nem endossamos a irresponsabilidade. **19.4**

Recordamos simplesmente que a bancarrota de muitos círculos organizados para o trato dos efeitos físicos e, notadamente, da materialização, se deve à própria incúria ou impertinência daqueles que os constituem, na maioria das vezes indagadores e pedinchões inveterados que descambam, imperceptivelmente, para a leviandade, comprometendo a obra ideada para o bem, porquanto interpõem os mais estranhos recursos na edificação programada, provocando enganos ou fraudes inconscientes e intervenções menos desejáveis em resposta à irresponsabilidade deles mesmos.

Em outros fenômenos – Idênticos fenômenos com a ideoplastia por base são comuns na fotografia transcendente, em seus vários tipos, porque, se o instrumento mediúnico e acompanhantes não demonstram mais alta compreensão dos atributos que lhes cabem na mediação entre os dois planos, preponderando com a força de suas próprias oscilações mentais sobre as energias exteriorizadas, perde-se, como é natural, o ascendente da esfera superior, que sulcaria a experiência com o selo de sua presença iluminativa, impondo-se-lhe tão somente a marca dos encarnados inquietos, ainda incapazes de formar o campo indispensável à receptividade dos agentes de ordem mais elevada.

Na mediunidade de efeitos intelectuais, a ideoplastia assume papel extremamente importante, porque certa classe de pensamentos, constantemente repetidos sobre a mente mediúnica menos experimentada, pode constrangê-la a tomar certas imagens, mantidas pela onda mental persistente, como situações e personalidades reais, tal qual uma criança que acreditasse estar contemplando essa paisagem ou aquela pessoa tão só por ver-lhes o retrato animado num filme.

19.5 *Na mediunidade aviltada* – Onde os agentes ideoplásticos assumem caráter dos mais significativos, desde épocas imemoriais no mundo, é justamente nos círculos do magismo, dentro dos quais a mediunidade rebaixada a processos inferiores de manifestação se deixa aprisionar por seres de posição primitiva ou por Inteligências degradadas que cunham ideias escravizantes para quantos se permitem vampirizar.

Aceitando sugestões deprimentes, quantos se entregam ao culto da magia aviltante arremessam de si próprios as imagens menos dignas a que se vinculam, engendrando tabus dos quais dificilmente se desvencilham, em face do terror que lhes instila o demorado cativeiro às forças da ignorância.

Submetida a mente a idolatria desse jaez, passa a manter, por sua própria conta, os agentes com que se tortura, tanto mais intensamente quanto mais extensa se lhe revele a sensibilidade receptiva, porque, com mais alevantado poder de plasmagem mental, a criatura mais facilmente gera, para si mesma, tanto o bem que a tonifica quanto o mal que a perturba.

E não se diga que o assunto vige preso a mero entrechoque de aparências, uma vez que a sugestão é poder incontestante, ligando a alma, de maneira inequívoca, às criações que lhes são inerentes no mundo íntimo, obrigando-a a recolher as resultantes da treva ou da luz a que se afeiçoe.

20
Psicometria

Mecanismo da psicometria – Expondo algumas anotações a **20.1** respeito da psicometria, considerada nos círculos medianímicos por faculdade de perceber o lado oculto do ambiente e de ler impressões e lembranças, ao contato de objetos e documentos, nos domínios da sensação a distância, não é demais traçar sintéticas observações acerca do pensamento, que varia de criatura para criatura, tanto quanto a expressão fisionômica e as marcas digitais.

Destacaremos, assim, que, em certos indivíduos, a onda mental a expandir-se, quando em regime de "circuito fechado", na atenção profunda, carreia consigo agentes de percepção avançada, com capacidade de transportar os sentidos vulgares para além do corpo físico, no estado natural de vigília.

O fluido nervoso ou força psíquica, a desarticular-se dos centros vitais, incorpora-se aos raios de energia mental exteriorizados, neles configurando o campo de percepção que se deseje plasmar, segundo a dileção da vontade, conferindo ao Espírito novos poderes sensoriais.

20.2   Ainda aqui, o fenômeno pode ser apreendido, guardando-se por base de observação as experiências do hipnotismo comum, nas quais o sensitivo — muitas vezes pessoa em que a força nervosa está mais fracamente aderida ao carro fisiológico — deixa escapar com facilidade essa mesma força, que passa, de pronto, ao impacto espiritual do magnetizador.

O hipnotizado, na profundez da hipnose, pode, então, libertar a sensibilidade e a motricidade, transpondo as limitações conhecidas no cosmo físico.

Nestas ocorrências, sob a sugestão do magnetizador, o *sujet*, com a energia mental de que dispõe, desassocia o fluido nervoso de certas regiões do veículo carnal, passando a registrar sensações fora do corpo denso, em local sugerido pelo hipnotizador, ou impede que a mesma força circule em certo membro — um dos braços por exemplo —, que se faz praticamente insensível enquanto perdure a experiência, até que, ao toque positivo da vontade do magnetizador, ele mesmo reconduza o próprio pensamento revitalizante para o braço inerte, restituindo-lhe a energia psíquica temporariamente subtraída.

Psicometria e reflexo condicionado – Nas pessoas dotadas de forte sensibilidade, basta o reflexo condicionado, por intermédio da oração ou da centralização de energia mental, para que, por si mesmas, desloquem mecanicamente a força nervosa correspondente a esse ou àquele centro vital do organismo fisiopsicossomático, entrando em relação com outros impérios vibratórios, dos quais extraem o material de suas observações psicométricas.

Aliás, é imperioso ponderar que semelhantes faculdades, plenamente evidenciadas nos portadores de sensibilidade mais extensamente extroversível, esboçam-se, de modo potencial, em todas as criaturas, por meio das sensações instintivas de simpatia ou antipatia com que se acolhem ou se repelem umas às outras, na permuta incessante de radiações.

Pela reflexão, cada Inteligência pressente, diante de outra, **20.3** se está sendo defrontada por alguém favorável ou não à direção nobre ou deprimente que escolheu para a própria vida.

Função do psicômetra – Clareando o assunto quanto possível, vamos encontrar no médium de psicometria a individualidade que consegue desarticular, de maneira automática, a força nervosa de certos núcleos, como, por exemplo, os da visão e da audição, transferindo-lhes a potencialidade para as próprias oscilações mentais.

Efetuada a transposição, temos a ideia de que o medianeiro possui olhos e ouvidos a distância do envoltório denso, acrescendo, muitas vezes, a circunstância de que tal sensitivo, por autodecisão, não apenas desassocia os agentes psíquicos dos núcleos aludidos, mas também opera o desdobramento do corpo espiritual, em processo rápido, acompanhando o mapa que se lhe traça às ações no espaço e no tempo, com o que obtém, sem maiores embaraços, o montante de impressões e informações para os fins que se tenha em vista.

Interdependência do médium – Como em qualquer atividade coletiva entre os homens, é forçoso convir que médium algum pode agir a sós no plano complexo da psicometria.

Igualmente, aí, o sensitivo está como peça interdependente no mecanismo da ação.

E como é fartamente compreensível, se os companheiros desencarnados ou encarnados da operação a realizar não guardam entre si os ascendentes da harmonização necessária, claro está que a onda mental do instrumento mediúnico somente em circunstâncias muito especiais não se deixará influenciar pelos elementos discordantes, invalidando-se, desse modo, qualquer possibilidade de êxito nos tentames empreendidos.

Nesse campo, as formas-pensamento adquirem fundamental importância, porque todo objeto deliberadamente psicometrado já foi alvo de particularizada atenção.

20.4 Quem apresenta ao psicômetra um pertence de antepassados, na maioria das vezes, já lhe invocou a memória e, com isso, quando não tenha atraído para o objeto o interesse afetivo, no Plano Espiritual, terá desenhado mentalmente os seus traços ou quadros alusivos às reminiscências de que disponha, estabelecendo, assim, recursos de indução para que as percepções ultrassensoriais do médium se lhe coloquem no campo vibratório correspondente.

Caso de desaparecimento – Noutro aspecto, imaginemos que determinado objeto seja conduzido ao sensitivo para ser psicometrado, com vistas a certos objetivos.

Para clarear a asserção, suponhamos que uma pessoa acaba de desaparecer do quadro doméstico, sem deixar vestígio.

Buscas minuciosas são empreendidas sem resultado.

Lembra-se alguém de tomar-lhe um dos pertences de uso pessoal. Um lenço por exemplo.

A recordação é submetida a exame de um médium que reside a longa distância, sem que informe algum lhe seja prestado.

O médium recolhe-se e, a breve tempo, voltando da profunda introspecção a que se entregou, descreve, com minúcias, a fisionomia e o caráter do proprietário, reporta-se ao desaparecimento dele, explana sobre pequeninos incidentes acerca do caso em lide, esclarece que o dono desencarnou de repente e informa o local em que o cadáver permanece.

Verifica-se a exatidão de todas as notas e, comumente, atribui-se ao psicômetra a autoria integral da descoberta.

Entretanto, analisado o episódio do Plano Espiritual, outras facetas ele revela à visão do observador.

Desencarnado o amigo a que aludimos, afeições que ele possua na esfera extrafísica interessam-se em ajudá-lo, auxílio esse que se estende, naturalmente, à sua equipe doméstica. Pensamentos agoniados daqueles que ficaram e pensamentos ansiosos dos que residem na vanguarda do Espírito entrecruzam-se na procura movimentada.

Alguém sugere a remessa do lenço para investigações psicométricas e a solução aparece coroada de êxito.

20.5

Os encarnados veem habitualmente apenas o sensitivo que entrou em função, mas se esquecem, não raro, das Inteligências desencarnadas que se lhe incorporam à onda mental, fornecendo-lhe todos os avisos e instruções atinentes ao feito.

Agentes induzidos – Todos os objetos e ambientes psicometrados são, quase sempre, francos mediadores entre a esfera física e a esfera extrafísica, à maneira de agentes fortemente induzidos, estabelecendo fatores de telementação entre os dois planos.

Nada difícil, portanto, entender que, ainda aí, prevalece o problema do merecimento e da companhia.

Se o consulente e o experimentador não se revestem de qualidades morais respeitáveis para o encontro do melhor a obter, podem carrear à presença do sensitivo elementos desencarnados menos afins com a tarefa superior a que se propõem, e, se o intermediário humano não está espiritualmente seguro, a consulta ou a experiência resulta em fracasso perfeitamente compreensível.

Nossas anotações, demonstrando o extenso campo da influenciação dos desencarnados, em todas as ocorrências da psicometria, não excluem, como é natural, o reconhecimento de que a matéria assinala sistemas de vibrações, criados pelos contatos com os homens e com os seres inferiores da Natureza, possibilitando as observações inabituais das pessoas dotadas de poderes sensoriais mais profundos, como por exemplo na visão, através de corpos opacos, na clarividência e na clariaudiência telementadas, na apreensão críptica da sensibilidade e nos diversos recursos radiestésicos que se filiam notadamente aos chamados fenômenos de telestesia.

21
Desdobramento

21.1   *No sono artificial* – Enfileirando algumas anotações a respeito do desdobramento da personalidade, consoante as nossas referências ao hipnotismo comum, recordemos ainda o fenômeno da hipnose profunda entre o magnetizador e o sensitivo.

Quem possa observar além do campo físico reparará, à medida que se afirme a ordem do hipnotizador, que se escapa abundantemente do tórax do *sujet*, caído em transe, um vapor branquicento que, condensando-se qual nuvem inesperada, se converte, habitualmente à esquerda do corpo carnal, numa duplicata dele próprio, quase sempre em proporções ligeiramente dilatadas.

Tal seja o potencial mais amplo da vontade que o dirige, o sensitivo, desligado da veste física, passa a movimentar-se e, ausentando-se muita vez do recinto da experiência, atendendo a determinações recebidas, pode efetuar apontamentos a longa distância ou transmitir notícias, com vistas a certos fins.

Seguindo-lhe a excursão, vê-lo-emos, porém, constantemente ligado ao corpo somático por fio tenuíssimo, fio este muito superficialmente comparável, de certo modo, à onda do radar, que pode vencer imensuráveis distâncias, voltando, inalterável, ao centro emissor, não obstante sabermos que semelhante confronto resulta de todo impróprio para o fenômeno que estudamos no campo da inteligência.

Nessa fase, o paciente executa as ordens que recebeu, desde **21.2** que não constituam desrespeito evidente à sua dignidade moral, trazendo informes valiosos para as realidades do Espírito.

Notemos que aí, enquanto o carro fisiológico se detém, resfolegante e imóvel, a individualidade real, embora teleguiada, evidencia plena integridade de pensamento, transmitindo, de longe, avisos e anotações por meio dos órgãos vocais, em circunstâncias comparáveis aos implementos do alto-falante num aparelho radiofônico.

À semelhança do fluxo energético da circulação sanguínea, incessante no corpo denso, a onda mental é inestancável no Espírito.

Esmaecem-se as impressões nervosas e dorme o cérebro de carne, mas o coração prossegue ativo, no envoltório somático, e o pensamento vibra, constante, no cérebro perispirítico.

No sono natural – Na maioria das situações, a criatura, ainda extremamente aparentada com a animalidade primitivista, tem a mente como que voltada para si mesma, em qualquer expressão de descanso, tomando o sono para claustro remançoso das impressões que lhe são agradáveis, qual criança que, à solta, procura simplesmente o objeto de seus caprichos.

Nesse ensejo, configura na onda mental que lhe é característica as imagens com que se acalenta, sacando da memória a visualização dos próprios desejos, imitando alguém que improvisasse miragens, na antecipação de acontecimentos que aspira a concretizar.

Atreita ao narcisismo, tão logo demande o sono, quase sempre se detém justaposta ao veículo físico, como acontece ao condutor que repousa ao pé do carro que dirige, entregando-se à volúpia mental com que alimenta os próprios impulsos afetivos, enquanto a máquina se refaz.

21.3   Ensimesmada, a alma, usando os recursos da visão profunda, localizada nos fulcros do diencéfalo, e, plenamente desacolchetada do corpo carnal, por temporário desnervamento, não apenas se retempera nas telas mentais com que preliba satisfações distantes, mas experimenta de igual modo o resultado dos próprios abusos, suportando o desconforto das vísceras injuriadas por ele mesmo ou a inquietude dos órgãos que desrespeita, quando não padece a presença de remorsos constrangedores, em face dos atos reprováveis que pratica, porquanto ninguém se livra, no próprio pensamento, dos reflexos de si mesmo.

Sono e sonho – Qual ocorre no animal de evolução superior, no homem de evolução positivamente inferior o desdobramento da individualidade, por intermédio do sono, é quase que absoluto estágio de mero refazimento físico.

No primeiro, em que a onda mental é simplesmente fraca emissão de forças fragmentárias, o sonho é puro reflexo das atividades fisiológicas. No segundo, em que a onda mental está em fase iniciante de expansão, o sonho, por muito tempo, será invariável ação reflexa de seu próprio mundo consciencial ou afetivo.

Evolui, no entanto, o pensamento na criatura que amadurece, espiritualmente, por meio da repercussão.

Como no caso do sensitivo que, fora do envoltório físico, vai até o local sugerido pelo magnetizador, tomando-se a ordem determinante da hipnose artificial pelo reflexo condicionado que lhe comanda as ideias, a criatura na hipnose natural, fora do veículo somático, possui no próprio desejo o reflexo condicionado que lhe circunscreverá o âmbito da ação além da roupagem fisiológica, alongando-se até o local em que se lhe vincula o pensamento.

O homem do campo, no repouso físico, supera os fenô- **21.4** menos hipnagógicos⁴⁵ e volta à gleba que semeou, contemplando aí, em Espírito, a plantação que lhe recolhe o carinho; o artista regressa à obra a que se consagra, mentalizando-lhe o aprimoramento; o espírito maternal se aconchega ao pé dos filhinhos que a vida lhe confia, e o delinquente retorna ao lugar onde se encarcera a dor do seu arrependimento.

Atravessada a faixa das chamadas imagens eutópticas, exteriorizam de si mesmos os quadros mentais pertinentes à atividade em que se concentram, com os quais angariam a atenção das Inteligências desencarnadas que com eles se afinam, recolhendo sugestões para o trabalho em que se empenham, muito embora, a distância da veste somática, frequentemente procedam ao modo de crianças conduzidas ao ambiente de pessoas adultas, mantendo-se entre as ideias superiores que recebem e as ideias infantis que lhes são próprias, do que resulta, na maioria das vezes, o aspecto caótico das reminiscências que conseguem guardar, ao retornarem à vigília.

Nesse estágio evolutivo, permanecem milhões de pessoas — representando a faixa de evolução mediana da Humanidade — rendendo-se, cada dia, ao impositivo do sono ou hipnose natural de refazimento, em que se desdobram, mecanicamente, entrando, fora do indumento carnal, em sintonia com as entidades que se lhes revelam afins, tanto na ação construtiva do bem, quanto na ação deletéria do mal, entretecendo-se-lhes o caminho da experiência que lhes é necessária à sublimação no porvir.

Concentração e desdobramento – Quantos se entregam ao labor da arte atraem, durante o sono, as inspirações para a obra que realizam, compreendendo-se que os espíritos enobrecidos assimilam do contato com as Inteligências superiores os motivos

---

⁴⁵ N.E.: Referentes ao entorpecimento que precede o sono.

corretos e brilhantes que lhes palpitam nas criações, ao passo que as mentes sarcásticas ou criminosas, pelo mesmo processo, apropriam-se dos temas infelizes com que se acomodam, acordando a ironia e a irresponsabilidade naqueles que se lhes ajustam aos pensamentos, pelo trabalho a que se dedicam.

21.5 Desdobrando-se no sono vulgar, a criatura segue o rumo da própria concentração, procurando, automaticamente, fora do corpo de carne, os objetivos que se casam com os seus interesses evidentes ou escusos.

Desse modo, mencionando apenas um exemplo dos contatos a que aludimos, determinado escritor exporá ideias edificantes e originais no que tange ao serviço do bem, induzindo os leitores à elevação de nível moral, ao passo que outro exibirá elementos aviltantes, alinhando escárnio ou lodo sutil com que corrompe as emoções de quantos se lhe entrosam à maneira de ser.

Inspiração e desdobramento – Dormindo o corpo denso, continua vigilante a onda mental de cada um — presidindo ao sono ativo, quando registra no cérebro dormente as impressões do Espírito desligado das células físicas, e ao sono passivo, quando a mente, nessa condição, se desinteressa, de todo, da esfera carnal.

Nessa posição, sintoniza-se com as oscilações de companheiros desencarnados ou não, com as quais se harmonize, trazendo para a vigília no carro de matéria densa, em forma de inspiração, os resultados do intercâmbio que levou a efeito, porquanto raramente consegue *conscientizar* as atividades que empreendeu no tempo de sono.

Muitos apelos do plano terrestre são atendidos, integralmente ou em parte, nessa fase de tempo.

Formulado esse ou aquele pedido ao companheiro desencarnado, habitualmente surge a resposta quando o solicitante se acha desligado do vaso físico. Entretanto, como nem sempre o cérebro físico está em posição de fixar o encontro realizado ou a informação recebida, os remanescentes da ação espiritual, entre encarnados e desencarnados, permanecem, naqueles Espíritos que ainda se demorem chumbados à Terra, à feição de quadros simbólicos ou de fragmentárias reminiscências, quando não sejam na forma de súbita intuição, a expressarem, de certa forma, o socorro parcial ou total que se mostrem capazes de receber.

Desdobramento e mediunidade – As ocorrências referidas vigem na conjugação de ondas mentais, porque apenas excepcionalmente consegue a criatura encarnada desvencilhar-se de todas as amarras naturais a que se prende, adstrita às conveniências e necessidades de redenção ou evolução que lhe dizem respeito. **21.6**

É imperioso notar, porém, que considerável número de pessoas, principalmente as que se adestraram para esse fim, efetuam incursões nos planos do Espírito, transformando-se, muitas vezes, em preciosos instrumentos dos benfeitores da Espiritualidade, como oficiais de ligação entre a esfera física e a esfera extrafísica.

Entre os médiuns dessa categoria, surpreenderemos todos os grandes místicos da fé, portadores de valiosas observações e revelações para quantos se decidam marchar ao encontro da verdade e do bem.

Cumpre destacar, entretanto, a importância do estudo para quantos se vejam chamados a semelhante gênero de serviço, porque, segundo a lei do campo mental, cada Espírito somente logrará chegar, do ponto de vista da compreensão necessária, até onde se lhe paire o discernimento.

22
Mediunidade curativa

22.1 *Mente e psicossoma* – Compreendendo-se o envoltório psicossomático por templo da alma, estruturado em bilhões de células a se caracterizarem por atividade incessante, é natural imaginemos cada centro de força e cada órgão por departamentos de trabalho, interdependentes entre si, não obstante o caráter autônomo atribuível a cada um.

Semelhantes peças, no entanto, obedecem ao comando mental, sediado no cérebro, que lhes mantém a coesão e o equilíbrio, por intermédio das oscilações inestancáveis do pensamento.

Temos, assim, as variadas províncias celulares sofrendo o impacto constante das radiações mentais, a lhes absorverem os princípios de ação e reação desse ou daquele teor, pelos quais os processos da saúde e da enfermidade, da harmonia e da desarmonia são associados e desassociados, conforme a direção que lhes imprima a vontade.

Naturalmente não podemos esquecer que o alimento comum garante a subsistência do corpo físico, por meio da permuta contínua de substâncias com a incessante transformação de energia, e isso acontece porque a força mental conjuga substância e energia na produção dos recursos de apoio à existência e dos elementos reguladores do metabolismo.

Além desses fatores, cabe-nos contar com os fatores mentais para a sustentação de todos os agentes da vida, que se fará dessa ou daquela forma, segundo a qualidade desses mesmos ingredientes. **22.2**

Conforme a integridade desses princípios, resultará a integridade do poder mecânico da mente para a formação dos anticorpos na intimidade das forças componentes do sistema sanguíneo.

Sangue e fluidoterapia – Salientando-se que o sistema hemático no corpo físico representa o conjunto das energias circulantes no corpo espiritual ou psicossoma, energias essas tomadas em princípio pela mente, por meio da respiração, ao reservatório incomensurável do fluido cósmico, é para ele que nos compete voltar a atenção, no estudo de qualquer processo fluidoterápico de tratamento ou de cura.

Relacionados com os centros psicossomáticos, os variados núcleos da vida sanguínea produzem as grandes coletividades corpusculares das hemácias, dos leucócitos, trombócitos, macrófagos, linfócitos, histiócitos, plasmócitos, monócitos e outras unidades a se dividirem, inteligentemente, em famílias numerosas, movimentando-se em trabalho constante, desde os fulcros geratrizes do baço e da medula óssea, do fígado e dos gânglios, até o âmago dos órgãos.

Fácil entender que todo desregramento de natureza física ou moral faz-se refletir, de imediato, por reações mentais consequentes, sobre as províncias celulares, determinando situações favoráveis ou desfavoráveis ao equilíbrio orgânico.

O pensamento é a força que, devidamente orientada, no sentido de garantir o nível das entidades celulares no reino fisiológico, lhes facilita a migração ou lhes acelera a mobilidade para certos efeitos de preservação ou defensiva, seja na improvisação de elementos combativos e imunológicos ou na impugnação aos processos patogênicos, com a intervenção da consciência profunda.

22.3   Deduzimos, sem dificuldade, que se é possível a hipnotização da mente humana, com vistas a certos fins, com mais propriedade operar-se-á a magnetização das entidades corpusculares, para efeitos determinados, no ajustamento das células.

Médium passista – Entendemos que a mediunidade curativa se reveste da mais alta importância, desde que alicerçada nos sentimentos mais puros da mais pura fraternidade.

É claro que não nos reportamos aos magnetizadores que desenvolvem as forças que lhes são peculiares, no trato da saúde humana.

Referimo-nos, sim, aos intérpretes da Espiritualidade superior, consagrados à assistência providencial aos enfermos, para encorajar-lhes a ação.

Decerto, o estudo da constituição humana lhes é naturalmente aconselhável, tanto quanto ao aluno de enfermagem, embora não seja médico, se recomenda a aquisição de conhecimentos do corpo em si. E do mesmo modo que esse aprendiz de rudimentos da Medicina precisa atentar para a assepsia do seu quadro de trabalho, o médium passista necessitará vigilância no seu campo de ação, porquanto de sua higiene espiritual resultará o reflexo benfazejo naqueles que se proponha socorrer. Eis por que se lhe pede a sustentação de hábitos nobres e atividades limpas, com a simplicidade e a humildade por alicerces no serviço de socorro aos doentes, uma vez que semelhantes fatores funcionarão à maneira do tungstênio na lâmpada elétrica, suscetível de irradiar a força da usina, produzindo a luz necessária à expulsão da sombra.

O investimento cultural ampliar-lhe-á os recursos psicológicos, facilitando-lhe a recepção das ordens e avisos dos instrutores que lhe propiciem amparo, e o asseio mental lhe consolidará a influência, purificando-a, além de dotar-lhe a presença com a indispensável autoridade moral, capaz de induzir o enfermo ao despertamento das próprias forças de reação.

Mecanismo do passe – Tendo mencionado o fenômeno **22.4** hipnótico em diversas passagens de nossas anotações, a ele recorreremos, ainda uma vez, para definir o medianeiro do passe magnético por autêntico representante do magnetizador espiritual, à frente do enfermo.

Estabelecido o clima de confiança, qual acontece entre o doente e o médico preferido, cria-se a ligação sutil entre o necessitado e o socorrista e, por semelhante elo de forças, ainda imponderáveis no mundo, verte o auxílio da esfera superior, na medida dos créditos de um e outro.

Ao toque da energia emanante do passe, com a supervisão dos benfeitores desencarnados, o próprio enfermo, na pauta da confiança e do merecimento de que dá testemunho, emite ondas mentais características, assimilando os recursos vitais que recebe, retendo-os na própria constituição fisiopsicossomática, por meio das várias funções do sangue.

O socorro, quase sempre hesitante a princípio, corporifica-se à medida que o doente lhe confere atenção, porque, centralizando as próprias radiações sobre as províncias celulares de que se serve, lhes regula os movimentos e lhes corrige a atividade, mantendo-lhes as manifestações dentro de normas desejáveis, e, estabelecida a recomposição, volve a harmonia orgânica possível, assegurando à mente o necessário governo do veículo em que se amolda.

Vontade do paciente – O processo de socorro pelo passe é tanto mais eficiente quanto mais intensa se faça a adesão daquele que lhe recolhe os benefícios, uma vez que a vontade do paciente, erguida ao limite máximo de aceitação, determina sobre si mesmo mais elevados potenciais de cura.

22.5   Nesse estado de ambientação, ao influxo dos passes recebidos, as oscilações mentais do enfermo se condensam, mecanicamente, na direção do trabalho restaurativo, passando a sugeri-lo às entidades celulares do veículo em que se expressam, e os milhões de corpúsculos do organismo fisiopsicossomático tendem a obedecer, instintivamente, às ordens recebidas, sintonizando-se com os propósitos do comando espiritual que os agrega.

Passe e oração – O passe, como gênero de auxílio, invariavelmente aplicável sem qualquer contraindicação, é sempre valioso no tratamento devido aos enfermos de toda classe, desde as criancinhas tenras aos pacientes em posição provecta na experiência física, reconhecendo-se, no entanto, ser menos rico de resultados imediatos nos doentes adultos que se mostrem jungidos à inconsciência temporária, por desajustes complicados do cérebro.

Esclareçamos, porém, que, em toda situação e em qualquer tempo, cabe ao médium passista buscar na prece o fio de ligação com os planos mais elevados da vida, porquanto, pela oração, contará com a presença sutil dos instrutores que atendem aos misteres da Providência Divina, a lhe utilizarem os recursos para a extensão incessante do eterno bem.

23
Animismo

Mediunidade e animismo – Alinhando apontamentos sobre a mediunidade, não será lícito esquecer algumas considerações acerca do animismo ou conjunto dos fenômenos psíquicos produzidos com a cooperação consciente ou inconsciente dos médiuns em ação.

23.1

Temos aqui muitas ocorrências que podem repontar nos fenômenos mediúnicos de efeitos físicos ou de efeitos intelectuais, com a própria Inteligência encarnada comandando manifestações ou delas participando com diligência, numa demonstração que o corpo espiritual pode efetivamente desdobrar-se e atuar com os seus recursos e implementos característicos, como consciência pensante e organizadora, fora do carro físico.

A verificação de semelhantes acontecimentos criou entre os opositores da Doutrina Espírita as teorias de negação, porquanto, admitida a possibilidade de o próprio Espírito encarnado poder atuar fora do traje fisiológico, apressaram-se os céticos inveterados a afirmar que todos os sucessos medianímicos se reduzem à influência de uma força nervosa que efetua, fora do corpo carnal, determinadas ações mecânicas e plásticas, configurando, ainda, alucinações de variada espécie.

23.2   Todavia, os estardalhaços e pavores levantados por esses argumentos indébitos, arredando para longe o otimismo e a esperança de tantas criaturas que começam confiantemente a iniciação nos serviços da mediunidade, não apresentam qualquer significado substancial, porque é forçoso ponderar que os Espíritos desencarnados e encarnados não se filiam a raças antagônicas que se devam reencontrar em condições miraculosas.

Semelhanças das criaturas – Somos necessariamente impelidos a reconhecer que, se os vivos da Terra e os vivos do Além respirassem climas evolutivos fundamentalmente diversos, a comunicação entre eles resultaria de todo impossível, pela impraticabilidade do ajuste mental.

Seres em desenvolvimento para a vida eterna, uns e outros guardam consigo, seja no plano extrafísico, preparando o retorno ao campo terrestre, ou no plano físico, em direção à esfera espiritual, faculdades adquiridas no vasto caminho da experiência, as quais lhes servirão de recursos à percepção no ambiente próximo.

Tem cada Espírito, em vias de reencarnação, todos os meios de que já se muniu para continuar no círculo dos encarnados o trabalho de aperfeiçoamento que lhe é próprio, conservando-os potencialmente no feto, tanto quanto possui o Espírito encarnado todas as possibilidades que já entesourou em si mesmo para prosseguir em suas atividades no Plano Espiritual, depois da morte.

Assinalada essa observação, é fácil observar que a criatura na Terra partilha, assim, até certo ponto, dos sentidos que caracterizam a criatura desencarnada nas esferas imediatas à experiência humana, conseguindo, às vezes, desenfaixar-se do corpo denso e proceder como a Inteligência desenleada do indumento carnal ou, ainda, obedecer aos ditames dos Espíritos desencarnados, como agente mais ou menos fiel de seus desejos.

Encontramos, nessa base, a elucidação clara de muitos dos fenômenos do faquirismo vulgar, em que o Espírito encarnado, ao desdobrar-se, pode provocar, em relativo estado de consciência, certa classe de fenômenos físicos, enquanto o corpo carnal se demora na letargia comum.

Obsessão e animismo – Muitas vezes, conforme as circunstâncias, qual ocorre no fenômeno hipnótico isolado, pode cair a mente nos estados anômalos de sentido inferior, dominada por forças retrógradas que a imobilizam, temporariamente, em atitudes estranhas ou indesejáveis.

Nesse aspecto, surpreendemos multiformes processos de obsessão, nos quais Inteligências desencarnadas de grande poder senhoreiam vítimas inabilitadas à defensiva, detendo-as, por tempo indeterminado, em certos tipos de recordação, segundo as dívidas cármicas a que se acham presas.

Frequentemente, pessoas encarnadas, nessa modalidade de provação regeneradora, são encontráveis nas reuniões mediúnicas, mergulhadas nos mais complexos estados emotivos, quais se personificassem entidades outras, quando, na realidade, exprimem a si mesmas, a emergirem da subsconsciência nos trajes mentais em que se externavam noutras épocas, sob o fascínio constante dos desencarnados que as subjugam.

Animismo e hipnose – Imaginemos um sensitivo a quem o magnetizador intencionalmente fizesse recuar até esse ou aquele marco do pretérito, pela deliberada regressão da memória, e o deixasse nessa posição durante semanas, meses ou anos a fio, e teremos exata compreensão dos casos mediúnicos em que a tese do animismo é chamada para a explicação necessária. O *sujet*, nessa experiência, declarar-se-ia como a personalidade invocada pelo hipnotizador, entrando em conflito com a realidade objeti-

23.3

va, mas não deixaria, por isso, de ser ele mesmo sob controle da ideia que o domina.

3.4 Nas ocorrências várias da alienação mental, encontramos fenômenos assim tipificados, reclamando larga dose de paciência e carinho, porquanto as vítimas desses processos de fixação não podem ser categorizadas à conta de mistificadores inconscientes, pois representam, de fato, os agentes desencarnados a elas jungidos por teias fluídicas de significativa expressão, tal qual acontece ao sensitivo comum, mentalmente modificado, na hipnose de longo curso, em que demonstra a influência do magnetizador.

Desobsessão e animismo – Nenhuma justificativa existe para qualquer recusa no trato generoso de personalidades medianímicas provisoriamente estacionadas em semelhantes provações, uma vez que são, em si próprias, Espíritos sofredores ou conturbados quanto quaisquer outros que se manifestem, exigindo esclarecimento e socorro. O amparo espontâneo e o auxílio genuinamente fraterno lhes reajustarão as ondas mentais, concurso esse que se estenderá, inevitável, aos companheiros do pretérito que lhes assediem o pensamento, operando a reconstituição de caminhos retos para os sensitivos corporificados na Terra, tão importantes e tão nobres em sua estrutura quanto aqueles que os doutrinadores encarnados se propõem traçar para os amigos desencarnados menos felizes.

Aliás, é preciso destacar que o esforço da escola, seja ela o recinto consagrado à instrução primária ou a instituto corretivo, funciona como recurso renovador da mente, equilibrando-lhe as oscilações para níveis superiores.

Não há novidade alguma no impositivo da acolhida magnânima aos obsessos dessa natureza, hipnotizados por forças que os comandam espiritualmente, a distância.

Animismo e criminalidade – Os manicômios e as penitenciárias estão repletos de irmãos nossos obsidiados que, alcançando o ponto específico de suas recapitulações do pretérito culposo, à falta de providências reeducativas, nada mais puderam fazer que recair na loucura ou no crime, porque, em verdade, a alienação e a delinquência, na maioria das vezes, expressam a queda mental do Espírito em reminiscências de lutas pregressas, à semelhança do aluno que, voltando à lição, com recursos deficitários, incorre lamentavelmente nos mesmos erros.

O ressurgimento de certas situações e a volta de marcadas criaturas ao nosso campo de atividade, do ponto de vista da reencarnação, funcionam em nossa vida íntima como reflexos condicionados, comprovando-nos a capacidade de superação de nossa inferioridade, antigamente positivada.

23.

Se estivermos desarmados de elementos morais suscetíveis de alterar-nos a onda mental para a assimilação de recursos superiores, quase sempre tornamos à mesma perturbação e à mesma crueldade que nos assinalaram as experiências passadas.

Nesse fenômeno reside a maior percentagem das causas de insânia e criminalidade em todos os setores da civilização terrestre, porquanto é aí, nas chamadas predisposições mórbidas, que se rearticulam velhos conflitos, arrasando os melhores propósitos da alma, sempre que descure de si mesma.

Convenhamos, pois, que a tarefa espírita é chamada, de maneira particular, a contribuir no aperfeiçoamento dos impulsos mentais, favorecendo a solução de todos os problemas suscitados pelo animismo. Por meio dela, são eles endereçados à esfera iluminativa da educação e do amor, para que os sensitivos, estagnados nessa classe de acontecimentos, sejam devidamente amparados nos desajustes de que se vejam portadores, impedindo-se-lhes o mergulho nas sombras da perturbação e recuperando-se-lhes a atividade para a sementeira da luz.

24
Obsessão

4.1 *Pensamento e obsessão* – O estudo da obsessão, conjugado à mediunidade, se realizado em maior amplitude, abrangeria o exame de quase toda a Humanidade terrestre.

Expressamos tal conceito, em face do pensamento que age e reage, carreando para o emissor todas as fecundações felizes ou infelizes que arremessa de si próprio, a determinar para cada criatura os estados psíquicos que variam segundo os tipos de emoção e conduta a que se afeiçoe.

Enquanto se não aprimore, é certo que o Espírito padecerá, em seu instrumento de manifestação, a resultante dos próprios erros. Esses desajustes, como é natural, não se limitam à comunidade das células físicas, quando em disfunções múltiplas por força dos agentes mentais viciados e enfermiços; estendem-se, muito especialmente, à constituição do corpo espiritual, a refletir-se no cérebro ou gabinete complexo da alma, aí ocasionando os diversos sintomas de perturbação do campo encefálico, acompanhados dos fenômenos psicossensoriais que produzem alucinações e doenças da mente.

Perturbações morais – Não nos propomos analisar aqui as personalidades psicopáticas, do ponto de vista da Psiquiatria, nem focalizar as chamadas psicoses de involução, ou as demências senis, claramente necessitadas de orientação médica; recordaremos, contudo, que na retaguarda dos desequilíbrios mentais, sejam da ideação ou da afetividade, da atenção e da memória, tanto quanto por trás de enfermidades psíquicas clássicas, como, por exemplo, as esquizofrenias e as parafrenias, as oligofrenias e a paranoia, as psicoses e neuroses de multifária expressão, permanecem as perturbações da individualidade transviada do caminho que as Leis Divinas lhe assinalam à evolução moral. Enquanto se lhe mantém a internação no instrumento físico transitório, até certo ponto ela consegue ocultar no esconderijo da carne os resultados das paixões e abusos, extravagâncias e viciações a que se dedica.

Assim vive na paisagem social em que transita, até que, arredada de semelhante vaso pela influência decisiva da morte, não mais suporta o regime de fantasia, obrigando-se a sofrer, em si própria, as consequências dos excessos e ultrajes com que, imprevidente, se desrespeitou.

Torturada por suas próprias ondas desorientadas, a reagirem, incessantes, sobre os centros e mecanismos do corpo espiritual, cai a mente nas desarmonias e fixações consequentes e, porque o veículo de células extrafísicas que a serve, depois da morte, é extremamente influenciável, ambienta nas próprias forças os desequilíbrios que a senhoreiam, consolidando-se-lhe, desse modo, as inibições que, em futura existência, dominar-lhe-ão temporariamente a personalidade, sob a forma de fatores mórbidos, condicionando as disfunções de certos recursos do cérebro físico, por tempo indeterminado.

Zonas purgatoriais – Entendendo-se que todos os delinquentes deitam de si oscilações mentais de terrível caráter, condensando as recordações malignas que albergam no seio, compreenderemos a existência das zonas purgatoriais ou infernais como regiões em que se complementam as temporárias criações do remorso, associando arrependimento e amargura, desespero e rebelião.

4.3 Na intimidade dessas províncias de sombra, em que se agrupam multidões de criminosos, segundo a espécie de delito que cometeram, Espíritos culpados, por meio das ondas mentais com que essencialmente se afinam, se comunicam reciprocamente, gerando, ante os seus olhos, quadros vivos de extremo horror, junto dos quais desvairam, recebendo, de retorno, os estranhos padecimentos que criaram no ânimo alheio.

Claro está que, embora comandados por Inteligências pervertidas ou bestializadas nas trevas da ignorância, esses antros jazem circunscritos no Espaço, fiscalizados por Espíritos sábios e benfazejos que dispõem de meios precisos para observar a transformação individual das consciências em processo de purificação ou regeneração, a fim de conduzi-las a providências compatíveis com a melhoria já alcançada.

Semelhante supervisão, entretanto, não impede que essas vastas cavernas de tormento reeducativo sejam, em si, imensas penitenciárias do Espírito, a que se recolhem as feras conscientes que foram homens. Aí permanecem detidas por guardas especializados, que lhes são afins, o que nos faz definir cada "purgatório particular" como "prisão-manicômio", em que as almas embrutecidas no crime sofrem, de volta, o impacto de suas fecundações mentais infelizes.

Tiranos, suicidas, homicidas, carrascos do povo, libertinos, caluniadores, malfeitores, ingratos, traidores do bem e viciados de todas as procedências, reunidos conforme o tipo de falta ou defecção a que se renderam, se examinados pelos cientistas do mundo apresentariam à Medicina os mais extensos quadros para estudos etiológicos das mais obscuras enfermidades.

Deduzimos, assim, que todos os redutos de sofrimento, Além-Túmulo, não passam de largos porões do trabalho evolutivo da alma, à feição de grandes hospitais carcerários para tratamento das consciências envilecidas.

Reencarnação de enfermos – Dos abismos expiatórios, volvem à reencarnação quantos se mostram inclinados à recuperação dos valores morais em si mesmos.

24.

Transportados a novo berço, comumente entre aqueles que os induziram à queda, quando não se veem objeto de amorosa ternura por parte de corações que por eles renunciam à imediata felicidade nas esferas superiores, são resguardados no recesso do lar.

Contudo, renascem no corpo carnal espiritualmente jungidos às linhas inferiores de que são advindos, assimilando-lhes, facilmente, o influxo aviltante.

Reaparecem, desse modo, na arena física. Mas, via de regra, quando não se mostram retardados mentais, desde a infância, são perfeitamente classificáveis entre os psicopatas amorais, segundo o conceito da *moral insanity*, vulgarizado pelos ingleses, demonstrando manifesta perversidade, na qual se revelam constantemente brutalizados e agressivos, petulantes e pérfidos, indiferentes a qualquer noção da dignidade e da honra, continuamente dispostos a mergulhar na criminalidade e no vício.

Aqueles Espíritos relativamente corrigidos nas escolas de reabilitação da Espiritualidade desenvolvem-se, no ambiente humano, enquadráveis entre os psicopatas astênicos e abúlicos, fanáticos e hipertímicos, ou identificáveis como representantes de várias doenças e delírios psíquicos, inclusive aberrações sexuais diversas.

Obsessão e mediunidade – Tais enfermos da alma, tantas vezes submetidos, sem resultado satisfatório, à insulina e à convulsoterapia, quando recomendados ao auxílio dos templos espíritas, poderão ser tidos como médiuns? Sem dúvida, são médiuns doentes, afinizados com os fulcros de sentimento desequilibrado de onde ressurgiram para novo aprendizado entre os homens.

4.5 Por certa cota de tempo, são intérpretes de forças degradadas, às quais é preciso opor a intervenção moral necessária, do mesmo modo que se prescreve medicação aos enfermos.

Trazendo consigo as sequelas ocultas da internação na província purgatorial, de que volvem pela porta do berço terrestre, exteriorizam ondas mentais viciadas que lhes alentam as disfunções dos implementos físicos, ondas essas pelas quais recolhem os pensamentos das entidades inferiores a lhes constituírem a cobertura da retaguarda.

Apesar disso, devem ser acolhidos nos santuários do Espiritismo por medianeiros de planos que é preciso transformar e ajudar, porquanto um Espírito renovado para o Bem — Lei do Criador para todas as criaturas — é peça importante para o reajustamento geral dessa ou daquela engrenagem conturbada na máquina da vida.

Doutrina Espírita – Forçoso é considerar que a atividade religiosa, digna e venerável, em qualquer setor da edificação humana, exprime socorro celeste aos desajustes morais de quantos se demoram na reencarnação, buscando a restauração precisa.

E, compreendendo-se que elevada percentagem das personalidades humanas traz, no imo do próprio ser, raízes e brechas de comunhão com o pretérito de sombra, por meio das quais são suscetíveis de sofrer os mais estranhos processos de obsessão oculta — a se reavivarem, constantes, nos diversos períodos etários que correspondem ao tempo de formação dos débitos cármicos que buscam equacionar no corpo terrestre —, é justo encarecer, assim, a oportunidade e a excelência do amparo moral da Doutrina Espírita como o recurso mais sólido na assistência às vítimas do desequilíbrio espiritual de qualquer matiz, por oferecer-lhes, no estudo nobre e no serviço santificante, o clima indispensável de transmutação e harmonização, com que se recuperem, no domínio dos pensamentos mais íntimos, para assimilarem a influência benéfica dos agentes espirituais da necessária renovação.

25
Oração

Mediunidade e religião – Misturada à magia vulgar, a mediunidade é de todos os tempos no mundo.

Confundida entre os totens e manitus, nas raças primitivas, alteia-se, gradativamente, e surge, suntuosa e complexa, nos templos iniciáticos dos povos antigos, ou rebaixada e desordenada, entre os magos da praça pública.

Ocioso seria enumerar sucessos e profecias constantes dos livros sagrados das religiões, nas épocas anciãs.

A cada passo, nas recordações de todas elas, encontramos referências a manifestações de anjos e demônios, evocações e mensagens de seres desencarnados, visões e sonhos, encantamentos e exorcismos.

Reflexo condicionado e mediunidade – Em toda a parte, desde os amuletos das tribos mergulhadas em profunda ignorância até os cânticos sublimados dos santuários religiosos dos tempos modernos, vemos o reflexo condicionado, facilitando a exteriorização de recursos da mente, para o intercâmbio com o Plano Espiritual.

5.2   Talismãs e altares, vestes e paramentos, símbolos e imagens, vasos e perfumes não passam de petrechos destinados a incentivar a produção de ondas mentais, nesse ou naquele sentido, atraindo forças do mesmo tipo que as arremessadas pelo operador dessa ou daquela cerimônia mágica ou religiosa e pelas assembleias que os acompanham, visando a certos fins.

E, compreendendo-se que os semelhantes se atraem, o bruxo que se vale da mandrágora para endereçar vibrações deprimentes a certa pessoa, a esta procura induzir à emissão de energias do mesmo naipe com que, à base de terror, assimila correntes mentais inferiores, prejudicando a si mesma, sempre que não possua a integridade da consciência tranquila; o sacerdote de classe elevada, toda vez que aproveita os elementos de sua fé para consolar um espírito desesperado, está impelindo-o à produção de raios mentais enobrecidos, com os quais forma o clima adequado à recepção do auxílio da esfera superior; o médico que encoraja o paciente, usando autoridade e doçura, inclina-o a gerar, em favor de si mesmo, oscilações mentais restaurativas, pelas quais se relaciona com os poderes curativos estuantes em todos os escaninhos da Natureza; o professor, estimulando o discípulo a dominar o aprendizado dessa ou daquela expressão, impulsiona-o a condicionar os elementos do próprio espírito, ajustando-lhe a onda mental para incorporar a carga de conhecimento de que necessita.

Grandeza da oração – Observamos em todos os momentos da alma, seja no repouso ou na atividade, o reflexo condicionado (ou ação independente da vontade que se segue, imediatamente, a uma excitação externa) na base das operações da mente, objetivando esse ou aquele gênero de serviço.

Daí resulta o impositivo da vigilância sobre a nossa própria orientação, uma vez que somente a conduta reta sustenta o reto pensamento e, de posse do reto pensamento, a oração, qualquer que seja o nosso grau de cultura intelectual, é o mais elevado toque de indução para que nos coloquemos, para logo, em regime de comunhão com as esferas superiores.

De essência divina, a prece será sempre o reflexo positivamente sublime do Espírito, em qualquer posição, por obrigá-lo a despedir de si mesmo os elementos mais puros de que possa dispor. **25.**

No reconhecimento ou na petição, na diligência ou no êxtase, na alegria ou na dor, na tranquilidade ou na aflição, ei-la exteriorizando a consciência que a formula, em efusões indescritíveis, sobre as quais as ondulações do Céu corrigem o magnetismo torturado da criatura, insulada no sofrimento educativo da Terra, recompondo-lhe as faculdades profundas.

A mente centralizada na oração pode ser comparada a uma flor estelar, aberta ante o Infinito, absorvendo-lhe o orvalho nutriente de vida e luz.

Aliada à higiene do espírito, a prece representa o comutador das correntes mentais, arrojando-as à sublimação.

Equilíbrio e prece – É indispensável compreender que a Inteligência encarnada conta com múltiplos meios de preservar o corpo físico em que se demora.

Além dos inestimáveis serviços da pele e da mucosa intestinal que o defendem das intromissões indébitas de elementos físicos e químicos, prontos a lhe arruinarem a estabilidade, o homem consegue mobilizar todo um sistema de quimioterapia bacteriana, atualmente em plena evolução para mais ampla eficiência, com a antibiose ou atuação bacteriostática levada a efeito por determinadas unidades microbianas sobre outras, na vanguarda dos processos imunológicos.

É possível, então, coibir, com relativa segurança, a febre tifoide, as disenterias, a tuberculose, as riquetsioses, a psitacose, as infecções pulmonares e urinárias etc.; entretanto, não acontece o mesmo quando nos reportamos à atmosfera psicológica em que toda criatura se submerge na vida social do planeta.

5.4 Visto a distância, o homem, na arena carnal, pode ser comparado a um viajor na selva de pensamentos heterogêneos, aprendendo, por intermédio de rudes exercícios, a encontrar o seu próprio caminho de libertação e de ascese. Mentalmente exposto a todas as influências psíquicas, é imperioso se eduque para governar os próprios impulsos, aperfeiçoando-se moral e intelectualmente, para que se lhe aprimorem as projeções.

No que tange à saúde e manutenção do corpo e no que se refere à aquisição de conhecimentos, utiliza a consulta a médicos e nutricionistas, professores e orientadores diversos. É natural, dessa forma, se valha da prece para angariar a inspiração de que precisa, a fim de afinizar-se com as diretrizes superiores.

No circuito de forças estabelecido com a oração, a alma não apenas se predispõe a regenerar o equilíbrio das células físicas viciadas ou exaustas, por meio do influxo das energias renovadoras que incorpora, espontaneamente, assimilando os raios da vida mais alta a que se dirige, mas também reflete as sugestões iluminativas das Inteligências desencarnadas de condição mais nobre, com as quais se coloca em relação.

Prece e renovação – Na floresta mental em que avança, o homem frequentemente se vê defrontado por vibrações subalternas que o golpeiam de rijo, compelindo-o à fadiga e à irritação, sejam elas provenientes de ondas enfermiças, partidas dos desencarnados em posição de angústia e que lhe partilham o clima psíquico, ou de oscilações desorientadas dos próprios companheiros terrestres desequilibrados a lhe respirarem o ambiente. Todavia, tão logo se envolva nas vibrações balsâmicas da prece, ergue-se-lhe o pensamento aos planos sublimados, de onde recolhe as ideias transformadoras dos Espíritos benevolentes e amigos, convertidos em vanguardeiros de seus passos na evolução.

Orar constitui a fórmula básica da renovação íntima, 25. pela qual divino entendimento desce do Coração da Vida para a vida do coração.

Semelhante atitude da alma, porém, não deve, em tempo algum, resumir-se a simplesmente pedir algo ao Suprimento Divino, mas pedir, acima de tudo, a compreensão quanto ao plano da Sabedoria infinita, traçado para o seu próprio aperfeiçoamento, de maneira a aproveitar o ensejo de trabalho e serviço no bem de todos, que vem a ser o bem de si mesma.

Mediunidade e prece – A mediunidade, na ordem superior da vida, esteve sempre associada à oração, para converter-se no instrumento da obra iluminativa do mundo.

Entre os egípcios e hindus, chineses e persas, gregos e cipriotas, gauleses e romanos, a prece, expressando invocação ou louvor, adoração ou meditação, é o agente refletor do plano celeste sobre a alma do homem.

Orando, Moisés recolhe, no Sinai, os mandamentos que alicerçam a justiça de todos os tempos, e, igualmente em prece, seja nas margens do Genesaré ou em pleno Tabor, respirando o silêncio de Getsêmani ou nos braços da cruz, o Cristo revela na oração o reflexo condicionado de Natureza Divina, suscetível de facultar a sintonia entre a criatura e o Criador.

26
Jesus e mediunidade

6.1 *Divina mediunidade* – Reportando-nos a qualquer estudo da mediunidade, não podemos olvidar que, em Jesus, ela assume todas as características de exaltação divina.[46]

Desde a chegada do excelso Benfeitor ao planeta, observa-se-lhe o pensamento sublime penetrando o pensamento da Humanidade.

Dir-se-ia que no estábulo se reúnem pedras e arbustos, animais e criaturas humanas, representando os diversos reinos da evolução terrestre, para receber-lhe o primeiro toque mental de aprimoramento e beleza.

---

[46] Nota do autor espiritual: Em *A gênese* (cap. 15, item 2), observa Allan Kardec, com referência aos fenômenos da mediunidade em Jesus:
"Agiria como médium nas curas que operava? Poder-se-á considerá-lo poderoso médium curador? Não, porquanto o médium é um intermediário, um instrumento de que se servem os Espíritos desencarnados, e o Cristo não precisava de assistência, pois que era ele quem assistia os outros. Agia por si mesmo, em virtude do seu poder pessoal, como o podem fazer, em certos casos, os encarnados, na medida de suas forças. Que Espírito, ao demais, ousaria insuflar-lhe seus próprios pensamentos e encarregá-lo de os transmitir? Se algum influxo estranho recebia, esse só de Deus lhe poderia vir. Segundo definição dada por um Espírito, ele era médium de Deus."

Casam-se os hinos singelos dos pastores aos cânticos de amor nas vozes dos mensageiros espirituais, saudando aquele que vinha libertar as nações, não na forma social que sempre lhes será vestimenta às necessidades de ordem coletiva, mas no ádito das almas, em função da vida eterna.

Antes dele, grandes comandantes da ideia haviam pisado o chão do mundo, influenciando multidões.

Guerreiros e políticos, filósofos e profetas alinhavam-se na memória popular, recordados como disciplinadores e heróis, mas todos desfilaram com exércitos e fórmulas, enunciados e avisos, em que se misturam retidão e parcialidade, sombra e luz.

Ele chega sem qualquer prestígio de autoridade humana, mas, com a sua magnitude moral, imprime novos rumos à vida, por dirigir-se, acima de tudo, ao espírito, em todos os climas da Terra.

Transmitindo as ondas mentais das esferas superiores de que procede, transita entre as criaturas, despertando-lhes as energias para a vida maior, como que a tanger-lhes as fibras recônditas, de maneira a harmonizá-las com a sinfonia universal do Bem Eterno.

Médiuns preparadores – Para recepcionar o influxo mental de Jesus, o Evangelho nos dá notícias de uma pequena congregação de médiuns, à feição de transformadores elétricos conjugados, para acolher-lhe a força e armazená-la, de princípio, antes que se lhe pudessem canalizar os recursos.

E longe de observarmos aí a presença de qualquer instrumento psíquico menos seguro do ponto de vista moral, encontramos importante núcleo de medianeiros, desassombrados na confiança e corretos na diretriz.

Informamo-nos, assim, nos apontamentos da Boa-Nova, de que Zacarias e Isabel, os pais de João Batista, precursor do Médium Divino, "eram ambos justos perante Deus, andando sem repreensão, em todos os mandamentos e preceitos do Senhor"[47], que Maria, a jovem simples de Nazaré, que acolheria o Embaixador celeste nos braços maternais, se achava "em posição de louvor diante do eterno Pai",[48] que José da Galileia, o varão que o tomaria sob paternal tutela, "era justo"[49], que Simeão, o amigo abnegado que o aguardou em prece, durante longo tempo, "era justo e obediente a Deus",[50] e que Ana, a viúva que o esperou em oração, no templo de Jerusalém, por vários lustros, vivia "servindo a Deus".[51]

6.3   Nesse grupo de médiuns admiráveis, não apenas pelas percepções avançadas que os situavam em contato com os emissários celestes, mas também pela conduta irrepreensível de que forneciam testemunho, surpreendemos o circuito de forças a que se ajustou a onda mental do Cristo, para daí expandir-se na renovação do mundo.

Efeitos físicos – Cedo começa para o Mestre Divino, erguido à posição de médium de Deus, o apostolado excelso em que lhe caberia carrear as noções da vida imperecível para a existência na Terra.

Aos 12 anos, assenta-se entre os doutores de Israel, "ouvindo-os e interrogando-os",[52] a provocar admiração pelos conceitos que expendia e a entremostrar a sua condição de intermediário entre culturas diferentes.

Iniciando a tarefa pública, na exteriorização de energias sublimes, encontramo-lo em Caná da Galileia, oferecendo notável demonstração de efeitos físicos, com ação a distância sobre a matéria, transformando a água em vinho.[53] Mas o acontecimento não permanece circunscrito ao âmbito doméstico, porquanto,

---

[47] Lucas, 1:6.
[48] Lucas, 1:30.
[49] Mateus, 1:19.
[50] Lucas, 2:25.
[51] Lucas, 2:37.
[52] Lucas, 2:46.
[53] João, 2:1 a 12.

evidenciando a extensão dos seus poderes, associados ao concurso dos mensageiros espirituais que, de ordinário, lhe obedeciam às ordens e sugestões, nós o encontramos, de outra feita, a multiplicar pães e peixes,[54] no tope do monte, para saciar a fome da turba inquieta que lhe ouvia os ensinamentos, e a tranquilizar a Natureza em desvario,[55] quando os discípulos assustados lhe pedem socorro diante da tormenta.

Ainda no campo da fenomenologia física ou metapsíquica objetiva, identificamo-lo em plena levitação, caminhando sobre as águas,[56] e em prodigiosa ocorrência de materialização ou ectoplasmia, quando se põe a conversar, diante dos aprendizes, com dois varões desencarnados que, positivamente, apareceram glorificados, a lhe falarem de acontecimentos próximos.[57]

26.

Em Jerusalém, no templo, desaparece de chofre, desmaterializando-se, ante a expectação geral,[58] e, na mesma cidade, perante a multidão, produz-se a voz direta, em que Bênçãos Divinas lhe assinalam a rota.[59]

Em cada acontecimento, sentimo-lo a governar a matéria, dissociando-lhe os agentes e reintegrando-os à vontade, com a colaboração dos servidores espirituais que lhe assessoram o ministério de luz.

Efeitos intelectuais – No capítulo dos efeitos intelectuais ou, se quisermos, nas provas da metapsíquica subjetiva, que reconhece a inteligência humana como possuidora de outras vias de conhecimento além daquelas que se constituem dos sentidos normais, reconhecemos Jesus nos mais altos testemunhos.

---

[54] JOÃO, 6:1 A 15.
[55] MARCOS, 4:35 A 41.
[56] MARCOS, 6:49 E 50.
[57] LUCAS, 9:28 A 32.
[58] JOÃO, 7:30.
[59] JOÃO, 12:28 A 30.

26.5   A distância da sociedade hierosolimita,[60] vaticina os sucessos amargos que culminariam com a sua morte na cruz.[61] Utilizando a clarividência que lhe era peculiar, antevê Simão Pedro cercado de personalidades inferiores da esfera extrafísica e avisa-o quanto ao perigo que isso representa para a fraqueza do apóstolo.[62] Nas últimas instruções, ao pé dos amigos, confirmando a profunda lucidez que lhe caracterizava as apreciações percucientes, demonstra conhecer a perturbação consciencial de Judas,[63] a despeito das dúvidas que a ponderação suscita entre os ouvintes. Nas preces de Getsêmani, aliando clarividência e clariaudiência, conversa com um mensageiro espiritual que o reconforta.[64]

Mediunidade curativa – No que se refere aos poderes curativos, temo-los em Jesus nas mais altas afirmações de grandeza. Cercam-no doentes de variada expressão. Paralíticos estendem-lhe membros mirrados, obtendo socorro. Cegos recuperam a visão. Ulcerados mostram-se limpos. Alienados mentais, notadamente obsidiados diversos, recobram equilíbrio.

É importante considerar, porém, que o grande Benfeitor a todos convida para a valorização das próprias energias.

Reajustando as células enfermas da mulher hemorroíssa,[65] diz-lhe convincente: "Filha, tem bom ânimo! A tua fé te curou."[66] Logo após, tocando os olhos de dois cegos que lhe recorrem à caridade, exclama: "Seja feito segundo a vossa fé".[67]

---

[60] N.E.: Natural de Jerusalém.
[61] Lucas, 18:31-34.
[62] Lucas, 22:31 A34.
[63] João, 13:21 E22.
[64] Lucas, 22:43.
[65] N.E.: Que padece de hemorragia.
[66] Mateus, 9:22.
[67] Mateus, 9:29.

Não salienta a confiança por simples ingrediente de natureza mística, mas sim por recurso de ajustamento dos princípios mentais, na direção da cura. 26.6

E, encarecendo o imperativo do pensamento reto para a harmonia do binome mente-corpo, por várias vezes o vemos impelir os sofredores aliviados à vida nobre, como no caso do paralítico de Betesda, que, devidamente refeito, ao reencontrá-lo no templo, dele ouviu a advertência inesquecível: "Eis que já estás são. Não peques mais, para que te não suceda coisa pior".[68]

Evangelho e mediunidade – A prática da mediunidade não está somente na passagem do Mestre entre os homens, junto dos quais, a cada hora, revela o seu intercâmbio constante com o plano superior, seja em colóquios com os emissários de alta estirpe, seja se dirigindo aos aflitos desencarnados, no socorro aos obsessos do caminho, mas também na equipe dos companheiros, aos quais se apresenta em pessoa, depois da morte, ministrando instruções para o edifício do Evangelho nascente.

No dia de Pentecostes, vários fenômenos mediúnicos marcam a tarefa dos apóstolos, mesclando-se efeitos físicos e intelectuais na praça pública, a constituir-se a mediunidade, desde então, em viga mestra de todas as construções do Cristianismo, nos séculos subsequentes.

Em Jesus e em seus primitivos continuadores, porém, encontramo-la pura e espontânea, como deve ser, distante de particularismos inferiores, tanto quanto isenta de simonismo. Neles, mostram-se os valores mediúnicos a serviço da Religião cósmica do amor e da sabedoria, na qual os regulamentos divinos, em todos os mundos, instituem a responsabilidade moral segundo o grau de conhecimento, situando-se, desse modo, a justiça perfeita, no íntimo de cada um, para que se

---

[68] JOÃO, 5:14.

outorgue isso ou aquilo, a cada Espírito, de conformidade com as próprias obras.

26.7　O Evangelho, assim, não é o livro de um povo apenas, mas o Código de Princípios Morais do Universo, adaptável a todas as pátrias, a todas as comunidades, a todas as raças e a todas as criaturas, porque representa, acima de tudo, a carta de conduta para a ascensão da consciência à imortalidade, na revelação da qual Nosso Senhor Jesus Cristo empregou a mediunidade sublime como agente de luz eterna, exaltando a vida e aniquilando a morte, abolindo o mal e glorificando o bem, a fim de que as leis humanas se purifiquem e se engrandeçam, se santifiquem e se elevem para a integração com as Leis de Deus.

Índice geral[69]

A

Afinidade
corrente mental – 5.3
magnetizador, magnetizado – 13.5
onda mental – 13.5, 16.2
sugestão – 13.5
vontade – 11.4

Ágabo
premonição – med., nota

Alma
alavanca da vontade – 11.4
atenção e estados indutivos – 15.3
aura – 10.4, 15.4
conhecimento e liberdade – 16.4
corrente mental – 10.4
diencéfalo – 18.6, 21.3
estados de mentação indutiva – 4.4
obsessão – 15.5
oração e predisposições – 25.2
pensamento, fonte de energias – 15.4
poder vitalizador da corrente mental – 10.4
porões de trabalho evolutivo – 24.3

Alucinação
definição – 19.2

Ana, a viúva
Jesus – 26.2, nota

Ananias
Saulo de Tarso – med., nota

Animal
pensamento contínuo * superior – 10.2
serviço da mente embrionária – 4.2
ultrassons – 1.5

Animismo
alucinações – 23.1
conceito – 23.1
criminalidade – 23.4
desobsessão – 23.4
Doutrina Espírita – 23.1
faculdades adquiridas – 23.2
fenômenos mediúnicos – 23.1
hipnotismo – 23.3
mediunidade – 23.1
obsessão – 23.3
perispírito – 23.1
predisposições mórbidas – 23.5
regressão de memória – 23.3

Anticorpo
mente e formação – 22.2

Antipatia
psicometria – 20.2
sensações instintivas – 20.2

Apóstolo
desobsessão – med., nota
fenômenos físicos – med.

---
[69] N.E.: Remete à numeração presente à margem das páginas.

Índice geral

imposição das mãos – med., nota
libertação da prisão – med., nota
magnetismo curativo – med., nota

Atenção
estados indutivos da alma – 15.3

Átomo
conceito – 3.5
Max Planck e estrutura – 2.3
ondas – 1.2
plano físico, plano mental – 4.3
reservatório da Natureza – 2.5

Aura
alma – 10.4
campo – 10.4
cérebro – 9.3
estruturação – 15.4
fenômenos físicos – 17.3
formas-pensamento alteradas – 17.3
magnetizador – 14.2
matéria mental – 9.3
onda mental – 14.2
pensamentos – 4.3
vontade – 4.3

Automagnetização
conquistas espirituais – 14.5
desdobramento – 14.5
faquirismo – 14.5
reflexo condicionado – 14.5

B

Barnabé
voz direta – med., nota

Batista, João, precursor
Jesus – 26.2, nota

Becquerel, Henri
urânio – 2.5

Betesda, paralítico de
Jesus – 26.6, nota

Boa-Nova
apontamentos – 26.2, notas

Bohr, Niels
elétrons – 2.3, nota
teoria – 2.4

Broglie, Louis de
difração dos elétrons – 3.4
fórmula – 3.3
mecânica ondulatória – 3.3
ondas de luz – 3.4

C

Calígula
obsessão – med.

Calor
aparecimento – 10.1

Campo
analogia do * com a chama
em atividade – 3.6
éter e conceito – 3.5
matéria de base – 3.6

Campo eletromagnético
importância do conceito – 2.2

Campo magnético
constituição – 10.2
domínios – 8.5
ímã – 8.5
terrestre – 8.4

Campo mental
desconhecimento da lei – 17.5, 21.6

Capacitância
circuito elétrico – 6.4
circuito mediúnico – 6.4

Catalepsia
características – 13.3
hipnotismo – 13.1

Índice geral

Célula
desregramento físico ou moral – 22.2
pensamento e migração – 22.2
radiações mentais – 22.1

Centro de força
perispírito – 22.1

Centro Espírita
prática do hipnotismo – med.

Cérebro
analogia com a indução mental – 15.4
aparelho emissor e receptor – 11.1
aura – 9.3
corrente mental humana – 10.3
córtex – 9.3
eletromagnetismo – 9.3
energia mental – 9.2
função – 22.1
gerador autoexcitado – 9.4
influenciação dos mecanismos – 18.5
televisão – 11.1

Circuito elétrico
analogia entre *, hidráulico
e mediúnico – 7.2
capacitância – 6.4
conceito – 6.1
indutância – 6.3
resistência – 6.2

Circuito hidráulico
analogia entre *, elétrico e
mediúnico – 7.2

Circuito mediúnico
analogia entre *, hidráulico
e elétrico – 7.2
capacitância – 6.4
conceito – 6.1
corrente mental – 6.1, 7.4
indutância – 6.3
noções de eletricidade – 8.1
significado da resistência – 6.3

Clariaudiência
fenômeno – 18.6

Clarividência
fenômeno – 18.6

Cóclea
sons, vozes – 18.6

Conjugação mediúnica
reflexos condicionados – 12.3

Consciência
fruto da * enobrecida – 15.4

Corpo espiritual *ver* Perispírito

Corrente circulante imagem – 7.4

Corrente elétrica
circulação da * num condutor – 10.1
magnetismo – 8.2

Corrente mental
afinidade – 5.3
alma e poder vitalizador – 10.4
assimilação – 12.1
assistentes – 13.2
campo de Einstein – 3.5, 4.4
centros da alma – 10.4
cérebro e * humana – 9.4
circuito mediúnico – 6.2, 7.4
compensação vibratória – 5.3
complexidade da * humana – 10.3
consequências do deslocamento – 10.2
construtiva – 15.4
corrente elétrica – 5.3
destrutiva – 15.5
humana – 10.3
indução – 4.4
nascedouro – 10.2
negação – 9.4
oração, comutador – 25.3
produto do deslocamento – 10.2
reinos inferiores da Natureza – 10.2
sub-humana – 10.2
velocidade – 7.4

Cristianismo
mediunidade, viga mestra – 26.6

Índice geral

Crookes, William
estado radiante – 2.4
identificação – 2.4

Cura
vontade do paciente – 22.4

D

Descartes
elétrons – 2.1
identificação – 2.1, nota

Desdobramento
automagnetização – 21.1
concentração – 21.4
faquirismo – 23.3
inspiração – 21.5
intuição – 21.5
ligação com o corpo físico – 21.6
mediunidade – 21.6
onda mental – 21.5
perispírito – 20.3, 23.1
psicômetra – 20.3
sono artificial – 21.1
sono natural – 21.2

Desenvolvimento mediúnico
ideias – 18.4
interrupção – 18.4

Desmaterialização
Jesus – 26.4, nota

Desobsessão
animismo – 23.4

Deus
Jesus, médium – 26.1, nota; 26.3
pensamento imensurável – 4.2

Diencéfalo
centros autônomos da visão profunda – 18.6, 21.3

Discernimento
razão – 12.3

Domínios
ímãs – 8.5
linhas de força – 8.3
material saturado – 8.3
orientação – 8.3

Doutrina Espírita
amparo moral – 24.5
animismo – 23.1
disciplinadora – 14.1, nota
Doutrina de Jesus – ant. med.
mediunidade – ant. med.
mediunidade disciplinada – 18.4
opositores – 23.1
socorro celeste – 24.5
teorias de negação – 23.1

E

Ectoplasma
fenômeno físico – 17.2
incorporação do * dos assistentes – 17.3
onda mental do médium – 17.4

Ectoplasmia *ver* Materialização

Educação
harmonia mental – 16.4
mediunidade estuante – 8.1
reflexo condicionado, sugestão – 16.4

Efeito Compton
fótons, elétrons – 3.3

Einstein
aura – 10.4
campo – 3.5, 4.4, 10.4
fóton – 3.2, 3.5
identificação – 3.1, nota
peso da luz – 3.1
teoria da relatividade – 3.1

Elétron
abandono das órbitas – 3.2
camadas atmosféricas e * livres – 15.2
carga elétrica – 8.2
corpúsculos-base – 4.1

Índice geral

correntes de * mentais – 15.3
Descartes – 2.1
harmonia e * livres – 8.1
Jean Perrin – 2.5
Joseph Thompson e massa – 2.5
livres – 15.2
medição da carga e massa – 10.1
movimentos – 8.2
Niels Bohr – 2.3, nota
propagação – 15.1
relâmpagos – 15.2
tempestades magnéticas – 15.3
velocidade – 7.1

Eletrostática
máquina – 15.2

Energia mental
cérebro – 9.2
criação – 9.1
funções – 9.2
matéria mental – 9.3
usinas microscópicas – 9.3

Epífise
magnetizador e * do
magnetizado – 14.2, nota

Espírita
pesquisa dos sábios – ant. med., nota

Espírito
apóstolos de Jesus e *
materializado – med.
Calígula e * vingativo – med.
chamamento do * ao serviço
do bem – 15.5
expressão do pensamento – reg. A. K.
forças mento-eletromagnéticas – 12.1
incursões no plano – 21.6
indução mental – 4.4
mediunidade – reg. A. K.
novos poderes sensoriais – 20.1
Pausânias e * monoideizado – med.
penitenciárias – 24.3
pensamento e campo magnético – 15.4
pensamento e fenômenos – 11.1
radiante – reg. A. K.

reinos ondulatórios e evolução – 1.5
tipo de onda – 11.4
vinculação ao * inferior ou
superior – 15.4

Espírito desencarnado
dínamo complexo – 5.1
fenômenos físicos – 17.2
infrassom – 1.4
oração e sugestões – 25.4
psicometria e ação – 20.3
trabalho de aperfeiçoamento – 23.2
vontade-apelo – 6.2

Espírito encarnado
atividades do * no Plano
Espiritual – 23.2
comportamento moral – 17.6
dínamo complexo – 5.1
formas-pensamento – 18.3
infrassom – 1.4
ligações com agrupamento
espiritual – 16.2
período infantil – 16.2
vontade-resposta – 6.2

Espírito guia
médium – 6.4

Espírito Protetor
harmonização mental – 16.4

Espiritualidade
evolução da * na Terra – 5.4

Éter
conceito de campo – 3.5

Evangelho
Código de Princípios Morais
do Universo – 26.7
mediunidade – 26.6

F

Faquirismo
automagnetização – 14.5
desdobramento – 23.3

Índice geral

Fenômeno físico
alterações na personalidade
do médium – 17.1
aperfeiçoamento moral – 17.3
comportamento dos assistentes – 17.5
comportamento moral – 17.6
ectoplasma – 17.2
Espíritos desencarnados – 17.2
futuro – 17.5
oscilações mentais do médium – 17.3
retraimento dos Espíritos
desencarnados – 19.2

Fenômeno hipnótico
experiência diária – 16.1
fenômeno mediúnico – 15.1, nota
mecanismos da mediunidade
– 14.1, nota

Fenômeno mediúnico
fenômeno hipnótico – 15.1, nota

Ferromagnetismo
mediunidade – 8.5

Feto
trabalho de aperfeiçoamento
potencializado – 23.2

Filho
conceitos de elevação moral – 16.3
médium dos genitores – 16.2
sintonia dos pais – 16.2
tendências inquietantes – 16.3

Filtragem mediúnica
dificuldades – 18.5

Fluido Cósmico
conceito – 3.6
fluidoterapia – 22.2

Fluido Elementar *ver*
Fluido Cósmico

Fluido Elementar *ver* Hálito Divino

Fluido nervoso *ver* Força psíquica

Fluidoterapia
fluido cósmico – 22.2
sangue – 22.2

Força mediúnica
mananciais – 5.5

Força psíquica
eclosão – 18.3

Formas-pensamento
Espírito encarnado – 18.3
hipnotismo – 13.2
imagens deploráveis – 18.2
movimentação do Espírito
no mundo – 4.5
pensamento – 11.2
princípios mentais – 4.5
psicômetra – 20.3

Fotografia transcendente
ideoplastia – 19.4

Fóton
Einstein – 3.2, 3.5

Fotosfera psíquica *ver* Aura

Franklin, Benjamin
hipótese atômica da eletricidade – 2.2

Fraude inconsciente
médium – 17.4

Fresnel
Thomas Young – 2.2

Índice geral

Fulcro energético *ver* Aura

G

Galileia, Caná da
Jesus – 26.3, nota

Geiger, contador de
fragmentação do rádio – 2.5

Genética
incompatibilidades, disparidades – 16.3

Gerador elétrico
considerações – 5.2

Gerador mediúnico
considerações – 5.2

Getsêmani
Jesus – 25.5, 26.5, nota

Glândula pineal *ver* Epífise

Grande Benfeitor *ver* Jesus

H

Hábito
reflexo condicionado e formação – 16.5

Hálito Divino *ver* Fluido Cósmico

Halo de forças *ver* Aura

Halo energético *ver* Aura

Halo vital *ver* Aura

Héron de Alexandria
emanações luminosas – 2.1, nota

Hertz
ondas eletromagnéticas –
1.4, nota; 2.2, 11.1

Hipnose *ver* Hipnotismo

Hipnose vulgar
características – 13.2
hipnotismo – 13.1

Hipnoterapia
mecanismo – 14.3

Hipnotismo
animismo – 23.3
base – 13.1
circuito fechado – 13.2
desprendimento – 13.4, 14.3
formas-pensamento sugeridas – 13.2
hipnotizado – 13.2
hipnotizador – 13.2
ideia-tipo – 13.3
magnetizador e fenômeno – 14.2, nota
obediência, respeito – 13.1
prática do * no Centro Espírita – med.
reflexo condicionado – 13.1
sintonia, compromisso moral – 13.5
sono – 14.3
sugestão – 13.2
telementação – 13.4
vontade – 13.2

Homem
aperfeiçoamento moral e
intelectual – 25.4
cérebro – 1.3
destino – 1.3
egolatria – 11.4
monoideísmo – 11.4
ondas – 1.4, 11.3
retração da onda mental – 11.4
sons perceptíveis – 1.4
tempo de evolução – 1.3
volição – 11.4
vontade e personalidade – 11.4

Huygens
teoria ondulatória – 2.2, nota

Índice geral

I

Ideia
desenvolvimento mediúnico e discernimento – 18.4

Ideoplastia
atividades mediúnicas – 19.2
fotografia transcendente – 19.4
interferências nos fenômenos – 19.4
mediunidade de efeitos intelectuais – 19.4
pensamento – 19.1
sono provocado – 19.1

Ímã
campos magnéticos – 8.2
domínios – 8.3

Imanização
substâncias magnéticas – 8.4

Imortalidade
prova inconteste – 17.6

Indução
agentes – 12.4
conceito – 4.4
oração – 25.2
psicômetra – 20.5
razão – 12.3
reflexos psíquicos – 12.3

Indução mental
condições influenciadoras – 4.4
Espírito – 4.4
processo – 4.4

Indutância
circuito elétrico – 6.3
circuito mediúnico – 6.3

Infrassom
considerações – 1.4
Espírito desencarnado – 1.3, nota
Espírito encarnado – 1.3, nota
sons – 1.4

Inspiração
desdobramento – 21.4
oração – 25.4
sono – 21.5

Instinto de preservação
vontade – 11.4

Inteligência
sedimentação dos alicerces – 10.2

Intercâmbio mediúnico
eletricidade – 7.1

Intuição
desdobramento – 21.5

Israel, doutores de Jesus – 26.3, nota

J

Jesus
Ana – 26.2, nota
Caná da Galileia – 26.3, nota
cegos – 26.5, nota
clarividência – 26.5, nota
desmaterialização – 26.4, nota
doutores de Israel – 26.3, nota
ectoplasmia – 26.4, nota
efeitos intelectuais – 26.4
fome saciada – 26.4, nota
Getsêmani – 26.5, nota
governo da matéria – 26.4
Isabel – 26.2
João Batista – 26.2, nota
José da Galileia – 26.2, nota
Judas – 26.5, nota
levitação – 26.4, nota
libertação – 26.2
magnitude moral – 26.2
Maria – 26.2, nota
médium de Deus – 26.1, nota; 26.3
mediunidade – 26.1, nota
médiuns preparadores – 26.2, 26.3
mulher hemorroíssa – 26.5, nota
multiplicação de pães e peixes – 26.3, nota

Índice geral

oração – 25.5
paralítico de Betesda – 26.6, nota
pensamento da Humanidade – 26.1
ressurreição – 26.6
Simeão – 26.2, nota
transmissão de ondas mentais – 26.2
vaticínio da cruz – 26.5, nota
voz direta – 26.4, nota
Zacarias – 26.2

Joliot-Curie, casal
radioatividade – 2.6

José da Galileia
Jesus – 26.2, nota

Judas
Jesus – 26.5, nota

L

Lar
centro indutor – 16.1

Lawrence
cíclotrons – 2.6, nota

Letargia
características – 13.2, 13.3
hipnotismo – 13.2

Levitação
Jesus – 26.4, nota

Liébeault
processo – 14.2, nota

Luiz, André, Espírito
problemas da mediunidade
 – med., nota

Luz
deslocamento – 3.2
Einstein e peso – 3.1, nota
Isaac Newton e decomposição
 – 2.2, nota
Maxwell e ondulações – 2.2, nota
produção de * interior – 4.3
Thomas Young e refração – 2.2, nota

M

Magia
mediunidade – 19.5

Magnetismo
corrente elétrica – 8.2

Magnetizador
aura do magnetizado – 14.2
circuito mediúnico – 14.4
fenômeno do hipnotismo – 14.2, nota
hipnose profunda – 21.1
intimidade entre * e
 magnetizado – 13.1
médium passista e * espiritual – 22.3
reencontro com * e reflexo
 condicionado – 14.4
regressão de memória – 23.3
sugestões – 14.3
vontade – 14.4, 20.2

Maria de Nazaré
Jesus – 26.2, nota

Matéria
linguagem matemática – 3.5
pensamento e * mental – 4.3

Matéria mental
associações inteligentes – 5.1
cérebro – 9.3
consequências da exteriorização – 4.5
plasma humano – 4.1
princípios regentes – 4.4
transmissão de força mediúnica – 5.2
vontade – 4.4

Materialização
bancarrota – 19.4
círculos de estudos – 17.3
comportamento dos assistentes – 17,4
ondas mentais do médium – 17.4

Maxwell
eletromagnetismo – 3.1

Índice geral

ondulações da luz – 2.2

Médium
Apóstolo, * notável – med.
campo de oscilações mentais – 17.3
exteriorização fisiológica – 18.6
fraudes inconscientes – 17.4
inconsciência – 17.5
influência dos assistentes – 17.4
inteligência teleguiada – 17.2
Jesus e * preparador – 26.2, 26.3
obsessão – 24.4
psicômetra – 20.3

Médium passista
autoridade moral – 22.3
estudo da constituição humana – 22.3
higiene espiritual – 22.3
investimento cultural – 22.3
magnetizador espiritual – 22.4

Mediunidade
ação construtiva – 7.4
Ágabo – med., nota
André Luiz e problemas – med., nota
animismo – 23.1
aviltada – 19.5
bruxo, sacerdote, médico – 25.2
burilamento – ant. med.
campo magnético – 8.5
curativa – 22.3
descompensação vibratória – 8.5
desdobramento – 21.6
educação e * estuante – 8.1
estudo da * de efeitos
  intelectuais – 18.1
Evangelho – 26.6
exteriorização da * de efeitos
  físicos – 17.1
fenômenos hipnóticos e
  mecanismos – 14.1, nota
ferromagnetismo – 8.5
ideoplastia e * de efeitos
  intelectuais – 19.4
importância – 5.5
incompreensão e ridicularização
  – ant. med.

Jesus – 26.1, nota
magia – 19.5
mártires cristãos – med.
obsessão – 24.1
oração – 25.5
reflexo condicionado – 25.1
religião – 25.1
responsabilidade – 19.4
simonismo – 26.6
totens, manitus – 25.1
vacilações, dúvidas – 18.4
viga mestra do Cristianismo – 26.6

Mediunidade curativa
Jesus – 26.5

Mediunidade disciplinada
considerações – 18.4
Doutrina Espírita – 18.4

Mediunidade ignorada
considerações – 18.3

Mente
concentração e desatenção – 9.1
formação de anticorpos – 22.2
serviço da * embrionária
  dos animais – 4.2

Mente humana
analogia da * com a chama
  em atividade – 4.4
interferência – 4.4

Metapsiquista
efeitos físicos – 17.4
exigências – 17.5
queixas – 17.4

Monoideísmo
homem – 11.4, 15.5

Mulher hemorroíssa
Jesus – 26.5, nota

Índice geral

N

Nero
desdobramento – med.

Newton Isaac
decomposição da luz – 2.2

O

Obliteração mental
trabalho digno – 15.5

Obsessão
abrangência do estudo – 24.1
animismo – 23.3
Calígula – med.
dívidas cármicas – 23.3
gradação – 16.5
médium – 24.4
mediunidade – 24.4
pensamento – 24.1
perispírito – 24.1

Onda mental
afinidade – 10.4, 16.2
aura – 14.2
bruxo, sacerdote, médico,
  professor – 25.2
Jesus – 26.2
petrechos incentivadores a
  produção – 25.2
sugestão – 13.5
retração – 11.4
vontade – 11.4

Onda(s)
agitação – 1.2
átomo – 1.2
Ciência e considerações – 2.3
conceito – 1.2
conjugações de * desequilibradas – 18.2
diferença de frequência – 1.2
Espírito e tipo – 11.1, 11.4
fragmentárias dos animais – 4.2
Hertz e * eletromagnéticas – 1.4, nota
homem – 1.2, 11.4
natureza – 1.2, 1.4
pensamento – 4.3, 11.1
sons – 1.4
tipos e definições – 1.2

Oração
agente refletor do plano celeste – 25.5
comutador das correntes
  mentais – 25.3
conceito – 25.2, 25.5
exteriorização da consciência – 25.3
grandeza – 25.2
indução – 25.2
inspiração – 25.4
Jesus – 25.5
mediunidade – 25.5
Moisés – 25.5
passe – 22.5
petição – 25.3
povos antigos – 25.1
processos imunológicos – 25.3
reflexo condicionado – 18.4,
  18.5, 20.2, 25.2
reflexo do Espírito – 25.3
renovação íntima – 25.5
sugestões dos Espíritos
  desencarnados – 25.4

Oscilação eletromagnética *ver* Ondas

P

Pais
sintonia dos * com filhos – 16.2

Passe
contraindicação – 22.5
mecanismo – 22.4
oração – 22.5
socorro – 22.4

Passividade mediúnica
considerações – 18.5
reflexo condicionado – 18.5

Paulo
concurso fraterno – med., nota

Índice geral

voz direta – med., nota

Paulo de Tarso *ver* Saulo de Tarso

Pausânias
templo de Minerva – med.

Pavlov
experiência – 12.2
reflexos – 12.2

Pensamento
animais superiores e * contínuo – 10.2
animal – 4.2
aura – 4.3
campo magnético do Espírito – 15.4
corrente – 9.4
Divino – 4.2
expressão do campo – 4.3
faculdades – 9.4
fenômenos do Espírito – 11.1
fio condutor – 5.3
formas-pensamento – 11.2
gerador de força – 5.3
humano – 4.3
ideia e * contínuo – 12.3
ideoplastia – 19.1
importância do * concentrado – 15.4
Jesus e * da Humanidade – 26.1
liberdade – 12.4
matéria mental – 4.3
materialização – 19.1
migração das células – 22.2
obsessão – 24.1
ondas – 4.2, 11.1
poder criador – 10.3
sutilização – 18.5
televisão – 11.1

Pentecostes
apóstolos – med., nota
fenômenos mediúnicos – 26.6

Percepção mediúnica
aguçamento – 18.5
identificação – 18.5

Perispírito
centros de força – 22.1
desdobramento – 20.3, 23.1
obsessão – 24.1
psicômetra – 20.3
sistema hemático – 22.2

Perrin, Jean
elétrons – 2.5

Personalidade
trabalho profissional, vocação – 16.3

Planck, Max
estrutura do átomo – 2.3
quanta de energia – 2.3

Plano Espiritual
magnetismo, corrente elétrica – 8.2

Plasma exteriorizado *ver* Ectoplasma

Plutarco
encontro com Bruto – med.

Polo magnético
intensidade – 8.4
oersted – 8.4

Prece *ver* Oração

Premonição
Ágabo – med., nota

Processo simbiótico
percepção – 17.1

Psicômetra
conceito – 20.3
desdobramento – 20.3
formas-pensamento – 20.3
função – 20.3
indução – 20.5
influenciação – 20.5
qualidades morais – 20.5

Psicometria
conceito – 20.1
fenômenos sensoriais profundos – 20.5

Índice geral

fluido nervoso – 20.2
influenciação do médium – 20.3
influenciação dos Espíritos
 desencarnados – 20.5
mecanismos – 20.2
pensamento – 20.1
reflexo condicionado – 20.2
simpatia, antipatia – 20.2
telementação – 20.5

Psicopatia
 tipos – 24.1, 24.2, 24.4

Psicossoma *ver* Perispírito

Psiquiatria
 personalidades psicopáticas – 24.2

Q

Quanta de energia
 Max Planck – 2.3

R

Rádio, substância
 considerações – 2.5, nota
 fragmentação – 2.5

Raios X
 Roentgen – 2.5

Razão
 discernimento – 12.3
 indução – 12.3

Reencarnação
 recuperação dos valores morais – 24.4

Reflexão
 importância – 12.1
 reflexos psíquicos – 12.2

Reflexo condicionado
 agentes enfermiços – 16.5
 automagnetização – 14.5
 conjugação mediúnica – 12.3

formação de hábitos – 16.5
mediunidade – 18.3, 25.1
médiuns * viciosos – 16.5
oração – 18.4, 20.2, 25.5
passividade mediúnica – 18.5
Pavlov – 12.1, nota
psicometria – 20.2
reencontro com magnetizador – 14.4
riqueza – 12.3
talismã – 14.4
vícios na vida social – 18.3

Reflexo incondicionado
 tipos – 12.2

Reflexo psíquico
 importância do * condicionado – 12.3
 indução – 12.3
 reflexão – 12.2

Reflexoterapia *ver* Hipnoterapia

Regressão de memória
 animismo – 23.3
 magnetizador – 23.3

Relâmpago
 elétrons – 15.2

Religião
 mediunidade – 25.1

Resistência
 circuito mediúnico – 6.3
 conceito – 6.3

Responsabilidade
 mordomia – 16.4

Roentgen
 raios X – 2.5

Rutherford
 química nuclear – 2.6

Índice geral

S

Salto quântico
  raios luminosos – 3.2

Sangue
  componentes – 22.2
  fluidoterapia – 22.2
  órgãos do corpo físico – 22.2

Saulo de Tarso
  Ananias – med., nota
  Jesus – med., nota

Senso moral
  historiador, fisiologista,
    químico – ant. med.

Simeão
  Jesus – 26.2, nota

Simpatia
  psicometria – 20.2
  sensações instintivas – 20.2

Sintonia
  necessidade – 7.3
  preocupações – 7.3
  responsabilidade da vontade – 16.5
  vontade – 11.5

Sócrates
  guia – med.

Som
  infrassons – 1.3
  ondas – 1.4

Sonambulismo
  características – 13.3
  hipnotismo – 13.1

Sonho
  tipos – 21.3

Sono
  função – 21.3
  hipnotismo – 14.3
  inspiração – 21.5
  refazimento físico – 21.3

Spins
  elétrons – 8.2

Sugestão
  afinidade – 13.5
  hipnotismo – 13.5
  mecanismo – 13.5
  onda mental – 13.5
  poder – 19.5
  prática espontânea – 16.1
  televisão – 13.2

T

Tales de Mileto
  eletrônica – 2.1

Talismã
  poder curativo – 14.4
  reflexo condicionado – 14.4

Telementação
  processo – 14.5
  psicometria – 20.5

Televisão
  cérebro – 11.1
  sugestão – 13.2

Tempestade magnética
  elétrons – 15.3

Tendência
  faculdade de decidir – 11.4

Terra
  campo magnético – 1.1
  clima – 1.1
  correntes de força e atmosfera – 15.4
  magneto gigantesco – 1.1

Thomson, Joseph
  massa do elétron – 2.5

Transmissão sináptica
  fenômenos elétricos – 10.2

Índice geral

Túnica de forças eletromagnéticas
ver Aura

U

Ultrassom
animais – 1.5

Universo
conceito – 4.1
estudo da natureza ondulatória – 2.1
fluido cósmico – 3.6
reino de oscilações – 3.5

Urânio
Henri Becquerel – 2.5, nota

V

Vaticínio da cruz
Jesus – 26.5, nota

Vida
impulso mental – 11.2

Vida espiritual
correntes mentais – 12.1

Vida física
correntes eletrônicas – 12.4

Vida social
reflexos condicionados e vícios – 18.3

Vida superior
exercício no bem – 12.4

Vontade
afinidade – 11.4
alavanca – 11.4
alma – 11.4
aperfeiçoamento – 11.4
aura – 4.3
cíclotron – 11.5
discernimento – 11.5
hipnotismo – 13.2, 13.4
imaginação – 11.4
instinto de preservação – 11.4
magnetizador – 14.2-14.5, 20.2
matéria mental, instrumento sutil – 4.4
memória – 11.4
onda mental – 11.4
papel desempenhado – 11.5
passe e * do paciente – 22.4
personalidade do homem – 11.4
prazer – 11.5
responsabilidade da * na
   sintonia – 16.5
saúde, enfermidade e ação – 22.1
sintonia – 11.5

Vontade-apelo
Espírito desencarnado – 6.2

Vontade-resposta
Espírito encarnado – 6.2

Voz direta
Jesus – 26.4, nota
Paulo e Barnabé – med., nota

Y

Young, Thomas
Fresnel – 2.2
reflexão, interferência e
   refração da luz – 2.2

Z

Zacarias
Jesus – 26.2, nota

Zona purgatorial
conceito – 24.2

Zona-limite
considerações – 1.5, nota

MECANISMOS DA MEDIUNIDADE				
EDIÇÃO	IMPRESSÃO	ANO	TIRAGEM	FORMATO
1	1	1960	15.000	12,5x17,5
2	1	1964	5.000	12,5x17,5
3	1	1970	5.272	12,5x17,5
4	1	1973	20.000	12,5x17,5
5	1	1977	7.500	12,5x17,5
6	1	1981	10.500	12,5x17,5
7	1	1983	10.500	12,5x17,5
8	1	1984	10.200	12,5x17,5
9	1	1986	10.200	12,5x17,5
10	1	1987	20.000	12,5x17,5
11	1	1990	20.000	12,5x17,5
12	1	1991	20.000	12,5x17,5
13	1	1994	10.000	12,5x17,5
14	1	1995	10.000	12,5x17,5
15	1	1997	10.000	12,5x17,5
16	1	1998	5.000	12,5x17,5
17	1	1999	3.000	12,5x17,5
18	1	2000	3.000	12,5x17,5
19	1	2001	3.000	12,5x17,5
20	1	2001	3.000	12,5x17,5
21	1	2002	5.000	12,5x17,5
22	1	2003	6.000	12,5x17,5
23	1	2004	5.000	12,5x17,5
24	1	2004	5.000	12,5x17,5
25	1	2006	5.000	12,5x17,5
26	1	2006	5.000	12,5x17,5
26	2	2008	6.000	12,5x17,5
26	3	2009	5.000	12,5x17,5
26	4	2010	8.000	12,5x17,5

MECANISMOS DA MEDIUNIDADE					
EDIÇÃO	IMPRESSÃO	ANO	TIRAGEM	FORMATO
26	5	2010	8.000	12,5x17,5
26	6	2012	5.000	12,5x17,5
27	1	2003	5.000	14x21
27	2	2008	2.000	14x21
27	3	2010	3.000	14x21
28	1	2013	3.000	14x21
28	2	2013	20.000	14x21
28	3	2016	4.000	14x21
28	4	2016	4.000	14x21
28	5	2017	5.500	14x21
28	6	2018	3.000	14x21
28	7	2018	1.500	14x21
28	8	2018	3.000	14X21
28	9	2019	1.600	14X21
28	10	2019	2.000	14X21
28	11	2020	5.000	14X21
28	12	2021	4.000	14X21
28	13	2022	4.500	14X21
28	14	2023	2.500	14X21
28	15	2023	2.000	14X21
28	16	2024	5.000	14X21
28	17	2025	3.000	14X21

O QUE É ESPIRITISMO?

O Espiritismo é um conjunto de princípios e leis revelados por Espíritos Superiores ao educador francês Allan Kardec, que compilou o material em cinco obras que ficariam conhecidas posteriormente como a Codificação: *O livro dos espíritos*, *O livro dos médiuns*, *O evangelho segundo o espiritismo*, *O céu e o inferno* e *A gênese*.

Como uma nova ciência, o Espiritismo veio apresentar à Humanidade, com provas indiscutíveis, a existência e a natureza do Mundo Espiritual, além de suas relações com o mundo físico. A partir dessas evidências, o Mundo Espiritual deixa de ser algo sobrenatural e passa a ser considerado como inesgotável força da Natureza, fonte viva de inúmeros fenômenos até hoje incompreendidos e, por esse motivo, são tidos como fantasiosos e extraordinários.

Jesus Cristo ressaltou a relação entre homem e Espírito por várias vezes durante sua jornada na Terra, e talvez alguns de seus ensinamentos pareçam incompreensíveis ou sejam erroneamente interpretados por não se perceber essa associação. O Espiritismo surge então como uma chave, que esclarece e explica as palavras do Mestre.

A Doutrina Espírita revela novos e profundos conceitos sobre Deus, o Universo, a Humanidade, os Espíritos e as leis que regem a vida. Ela merece ser estudada, analisada e praticada todos os dias de nossa existência, pois o seu valioso conteúdo servirá de grande impulso à nossa evolução.

O LIVRO ESPÍRITA

Cada livro edificante é porta libertadora.

O livro espírita, entretanto, emancipa a alma nos fundamentos da vida.

O livro científico livra da incultura; o livro espírita livra da crueldade, para que os louros intelectuais não se desregrem na delinquência.

O livro filosófico livra do preconceito; o livro espírita livra da divagação delirante, a fim de que a elucidação não se converta em palavras inúteis.

O livro piedoso livra do desespero; o livro espírita livra da superstição, para que a fé não se abastarde em fanatismo.

O livro jurídico livra da injustiça; o livro espírita livra da parcialidade, a fim de que o direito não se faça instrumento da opressão.

O livro técnico livra da insipiência; o livro espírita livra da vaidade, para que a especialização não seja manejada em prejuízo dos outros.

O livro de agricultura livra do primitivismo; o livro espírita livra da ambição desvairada, a fim de que o trabalho da gleba não se envileça.

O livro de regras sociais livra da rudeza de trato; o livro espírita livra da irresponsabilidade que, muitas vezes, transfigura o lar em atormentado reduto de sofrimento.

O livro de consolo livra da aflição; o livro espírita livra do êxtase inerte, para que o reconforto não se acomode em preguiça.

O livro de informações livra do atraso; o livro espírita livra do tempo perdido, a fim de que a hora vazia não nos arraste à queda em dívidas escabrosas.

Amparemos o livro respeitável, que é luz de hoje; no entanto, auxiliemos e divulguemos, quanto nos seja possível, o livro espírita, que é luz de hoje, amanhã e sempre.

O livro nobre livra da ignorância, mas o livro espírita livra da ignorância e livra do mal.

Emmanuel[1]

---

1 Página recebida pelo médium Francisco Cândido Xavier, em reunião pública da Comunhão Espírita Cristã, na noite de 25/2/1963, em Uberaba (MG), e transcrita em *Reformador*, abr. 1963, p. 9.

LITERATURA ESPÍRITA

Em qualquer parte do mundo, é comum encontrar pessoas que se interessem por assuntos como imortalidade, comunicação com Espíritos, vida após a morte e reencarnação. A crescente popularidade desses temas pode ser avaliada com o sucesso de vários filmes, seriados, novelas e peças teatrais que incluem em seus roteiros conceitos ligados à espiritualidade e à alma.

Cada vez mais, a imprensa evidencia a literatura espírita, cujas obras impressionam até mesmo grandes veículos de comunicação devido ao seu grande número de vendas. O principal motivo pela busca dos filmes e livros do gênero é simples: o Espiritismo consegue responder, de forma clara, perguntas que pairam sobre a Humanidade desde o princípio dos tempos. Quem somos nós? De onde viemos? Para onde vamos?

A literatura espírita apresenta argumentos fundamentados na razão, que acabam atraindo leitores de todas as idades. Os textos são trabalhados com afinco, apresentam boas histórias e informações coerentes, pois se baseiam em fatos reais.

Os ensinamentos espíritas trazem a mensagem consoladora de que existe vida após a morte, e essa é uma das melhores notícias que podemos receber quando temos entes queridos que já não habitam mais a Terra. As conquistas e os aprendizados adquiridos em vida sempre farão parte do nosso futuro e prosseguirão de forma ininterrupta por toda a jornada pessoal de cada um.

Divulgar o Espiritismo por meio da literatura é a principal missão da FEB, que, há mais de cem anos, seleciona conteúdos doutrinários de qualidade para espalhar a palavra e o ideal do Cristo por todo o mundo, rumo ao caminho da felicidade e plenitude.

FEB editora
Livro espírita para um novo mundo
www.febeditora.com.br
@febeditoraoficial
@febeditora

Conselho Editorial:
Carlos Roberto Campetti
Cirne Ferreira de Araújo
Evandro Noleto Bezerra
Geraldo Campetti Sobrinho – Coord. Editorial
Jorge Godinho Barreto Nery – Presidente
Maria de Lourdes Pereira de Oliveira
Miriam Lúcia Herrera Masotti Dusi

Produção Editorial:
Elizabete de Jesus Moreira

Revisão:
Davi Miranda
Perla Serafim

Capa:
Evelyn Yuri Furuta

Projeto Gráfico:
Rones José Silvano de Lima - instagram.com/bookebooks_designer

Diagramação:
Luisa Jannuzzi Fonseca

Foto de capa:
http://www.dreamstime.com/ Harlanov
http://www.dreamstime.com/ Serp
http://www.istock.com/ FredFroese

Foto Chico Xavier:
Grupo Espírita Emmanuel (GEEM)

Normalização Técnica:
Biblioteca de Obras Raras e Documentos Patrimoniais do Livro

Esta edição foi impressa pela Coronário Editora Gráfica Ltda., Brasília, DF, com tiragem de 3 mil exemplares, todos em formato fechado de 140x210 mm e com mancha de 104x168 mm. Os papéis utilizados foram o Off white bulk 58 g/m² para o miolo e o Cartão 250 g/m² para a capa. O texto principal foi composto em fonte Adobe Garamond 12/15 e os títulos em Adobe Garamond 28/30. Impresso no Brasil. *Presita en Brazilo.*